7€
W0209617

ABC
DU
T'CHI

Photographies : Michel Corbellini

ISBN 2-7339-0834-0
ISSN 0761-019X

© Éditions Grancher, 2003
98, rue de Vaugirard – 75006 Paris
Tél. : 01 42 22 64 80 / Fax : 01 45 48 25 03
www.grancher.com
m.grancher@worldonline.fr

« Toute représentation ou reproduction, intégrale ou partielle, faite sans le consentement de l'auteur ou de ses ayants-droits ou ayants cause, est illicite (article L. 122-4 du Code de la propriété intellectuelle). Cette représentation ou reproduction, par quelque procédé que ce soit, constituerait une contrefaçon sanctionnée par les articles L. 335-2 et suivants du Code de la propriété intellectuelle. Le Code de la propriété intellectuelle n'autorise, aux termes des 2e et 3e de son article L. 1221-5, que les copies ou reproductions strictement réservées à l'usage privé du copiste et non destinées à une utilisation collective d'une part, et, d'autre part, que les analyses et les courtes citations dans un but d'exemple et d'illustration. »

Jean-Claude Sapin

ABC DU T'CHI

Éditeur : Michel Grancher

GRANCHER
EDITIONS
98, RUE DE VAUGIRARD
75006 - PARIS

Je remercie Brigitte Bailleul,
sans qui ce livre n'aurait pas été possible.
Je remercie également
le photographe Michel Corbellini.

Avant-propos

« Le plus important dans la vie ? C'est la vie elle-même. »

Wu Do Nan

Avec une impétuosité sans précédent, la science occidentale nous propulse vers des comportements radicalement nouveaux. Nos façons de penser, de vivre, de mourir ou de ne plus mourir sont définitivement transformées. Mais faut-il que cette logique-là domine tous les possibles de la vie ?

Tous les scénarios de science-fiction du siècle passé sont en train de se réaliser. Ils sont parfois même dépassés et nous font entrer dans l'avenir à reculons, c'est-à-dire sans la visibilité nécessaire à sa compréhension.

Or, d'autres chemins sont possibles, encore faut-il décider de les emprunter. Celui que je vous propose est à la fois très ancien et étonnamment nouveau. Ses principes balisés depuis des millénaires par la tradition du Tao, resserrent les liens qui nous unissent à la nature et aux cycles saisonniers, à l'opposé des modèles scientifiques occidentaux.

Mais il s'agit bien d'une science, une science différente. C'est pourquoi les maîtres de T'Chi Gong refusent avec véhémence tout rapprochement de leur démarche avec la magie ou la mystique.

On peut suivre cette voie sans critiquer le cheminement occidental, ce qui serait vain et traduirait, en fin de compte, une dépendance et une perte de temps. Il s'agit tout simplement de se donner la possibilité de faire un choix, d'exprimer une liberté à un moment où cela est encore possible... à la croisée des chemins.

Le corps est la matière première de ce livre. Mais méfions-nous du mot qui vise ici une réalité tout à fait différente de celle habituellement admise, faite d'inconscience, voire d'indifférence, en dehors des situations extrêmes du plaisir ou de la douleur. L'image du corps est imprégnée de culture, c'est à l'école et en famille qu'on la construit. Et il en est de même pour ces « essentiels » que nous appelons la nature, les saisons et le temps, pour ces heures que nous comptons et que nous programmons plutôt que de les vivre.

Cela fait plus de vingt ans que je travaille le T'Chi, les musiques du silence, et je ne connais toujours pas avec certitude les possibilités énergétiques de ma main ! Mais ce que je sais, c'est que chaque phalange a une saveur de T'Chi qui lui est propre, en relation sans doute avec la marée énergétique interne et les organes qu'elle traverse, comme avec les souffles extérieurs qui la pénètrent.

Des fraternités surprenantes existent entre des parties éloignées du corps. Il y a dans ce domaine beaucoup à expérimenter et à découvrir. Le code d'entrée de ce continent inconnu reste la perception fine de ce que les Chinois appellent le T'Chi, évoquant la racine de l'univers et du vivant. Nous traduirons ici cette expression par énergie ou souffle, bien que cela soit très approximatif.

Mais l'important n'est pas tant de définir le T'Chi que de parvenir à le ressentir et à l'utiliser, dans l'esprit des Maîtres de T'Chi Gong qui ont, depuis des milliers d'années, rassemblé et transmis des techniques et des savoir-faire pour en favoriser la perception et l'utiliser concrètement. Toute la culture chinoise est enracinée dans la reconnaissance et la quête du T'Chi, le chef d'orchestre invisible de chaque battement de cœur, de chaque séquence respiratoire, de chaque geste quotidien, et qui commande également tout le mouvement saisonnier.

Puisse ce livre vous aider à le découvrir et à le vivre.

Introduction

Il était une fois... un empereur tout jaune et pas content de la météo grise du moment. Il pleuvait depuis de longues semaines sur le Pays du Centre. Cela n'était bon ni pour le moral ni pour les jardins.

Cette histoire plusieurs fois millénaire rapporte que l'empereur, virant du jaune au gris, fit convoquer son maître taoïste pour lui demander d'intervenir : « Gardez-vous en bien, répondit le maître. Il ne faut pas toucher à plus grand que soi. »

Ce passage du *Huang Di Nei Jing* – littéralement, *Le Livre de l'Empereur Jaune*, grand classique de la médecine chinoise – se situe d'emblée dans le temps mythique des contes de fées, c'est-à-dire hors du temps. Cela revient à dire que l'avertissement est valide pour toutes les époques.

Vous avez remarqué que le maître n'a pas dit qu'il ne pouvait rien faire, qu'il n'était pas capable d'agir sur la situation atmosphérique ; il a seulement affirmé qu'il est essentiel de se conformer à ces souffles qui nous traversent et de ne pas les manipuler.

J'ai choisi de raconter cette histoire ancienne parce qu'il me paraît évident que nous sommes arrivés à un niveau de connaissance scientifique qui nous permet de « toucher » à ce qui était considéré comme « plus grand que nous », c'est-à-dire aux mécanismes intimes de la vie, et que rien ne nous arrêtera sur ce chemin. Sans entreprendre un inventaire fastidieux, il est difficile de ne pas évoquer le clonage, les transfert d'organes, les interventions sur le génome humain, les nouvelles techniques de communication...

La science occidentale nous pousse avec une force

inouïe vers des comportements dont il est encore prématuré d'évaluer les conséquences. En tout cas, nous pouvons être certains que le mouvement s'intensifiera inéluctablement : le potentiel économique qui en découle, le rêve légitime d'échapper à la maladie, les possibilités de reculer les limites de la vie, voire de découvrir une sorte d'immortalité, joueront sans doute un rôle déterminant.

Nous sommes trop engagés dans cette voie pour faire machine arrière. Les dissertations philosophiques sur ce sujet sont vaines. Mais il me semble qu'il serait bien dangereux de considérer la vie, toujours plus riche que les outils et les concepts qui prétendent l'expliquer, uniquement à travers cette logique.

J'aime à penser que nous resterons toujours à une croisée de chemins, avec la possibilité de choisir celui qui nous convient. Pour cela, il faut développer une alternative, une approche différente, une autre vision du vivant qui puisse faire l'objet d'une expérimentation aussi rigoureuse que celle qu'on applique aux sciences occidentales.

Pour moi, je ne l'entrevois que dans les plus vieilles traditions, en particulier le Taoïsme qui offre la possibilité d'explorer la pensée, le corps, la nature, le temps, l'espace... avec un regard totalement différent pour les Occidentaux que nous sommes. L'opposition matériel/spirituel qu'on applique depuis toujours aux cultures occidentale et orientale me semble ici inopérante. Il s'agit bien de deux sciences, de deux logiques du vivant différentes.

Dans cette optique, l'objectif de mon travail est triple :

• expliquer et transmettre des techniques d'expérimentation du T'Chi,

• utiliser celles-ci pour favoriser une relation concrète à la nature et aux saisons qu'on pourrait qualifier d'écologique,

• proposer à tous ceux qui sont intéressés la possibilité d'échanger des résultats et de dégager des directions de travail.

Première partie

Le début du millénaire

1/ Le bilan

Aujourd'hui la pratique des T'Chi Gong du T'ai-Chi Chuan a dépassé les frontières de la Chine. Aux États-Unis comme en Europe, les enseignements et les livres sur ces démarches millénaires sont à la disposition de tous ceux qui ont la curiosité de les approcher et de les assimiler à leur quotidien. J'aime à répéter ce que j'ai entendu en Chine : il s'agit d'un des plus beaux cadeaux que cette culture ancienne pouvait nous faire.

Comment sentir le T'Chi, le percevoir, l'utiliser et dans quelles directions ? Au-delà des formes, des styles du T'ai-Chi Chuan et des multiples familles de T'Chi Gong, il reste un invariant, c'est le travail du T'Chi. Mais parmi ceux qui le pratiquent, il existe plusieurs motivations qui ne sont pas incompatibles mais peuvent être distinguées.

La curiosité

C'est un bon début pour les Occidentaux qui ignorent le mode d'emploi de leur corps au niveau des ressentis. Chez nous, l'histoire du corps est celle d'une grande dépendance aux mécanismes cérébraux. Le cerveau reste le patron absolu. Or, dans la pratique, le néophyte constate très vite que ses difficultés de progression sont liées à ce rapport de force. La pensée, qui a tout analysé mais n'en a pas obtenu les résultats escomptés, s'ennuie dans son corps ou, plus précisément, dans les exercices où il n'y a rien à faire, semble-t-il, qu'à goûter les saveurs de nos ressentis... Une démarche qui peut apparaître totalement inutile à l'esprit occidental, mais qui est pourtant si féconde.

Curiosité aussi pour des mouvements qui s'enracinent dans la lenteur et, très souvent, dans le sourire! Nous sommes légitimement attirés par la différence, et les rythmes occidentaux peuvent s'enrichir à la découverte de l'immobilité apparente, de la lenteur relative de la gestuelle orientale. Ne serait-ce que pour apprendre à se poser, à se reposer véritablement.

La santé

En Chine, la médecine traditionnelle a toujours prescrit des séries de T'Chi Gong spécifiques pour lutter contre certaines maladies chroniques graves et tous les syndromes reconnus. Mais le monde occidental a-t-il besoin des T'Chi Gong? la médecine allopathique et la chirurgie, complétées par une pharmacopée étendue et des techniques sophistiquées s'y portent bien et sont performantes.

Pourtant, le tableau, si on l'examine de près, est loin d'être aussi triomphant qu'il le paraît au premier abord... Oui, les prouesses chirurgicales sont indéniables. Globalement, on peut dire que les chirurgiens sauvent des vies tous les jours. Cette discipline boudée, marginalisée au début du siècle a beaucoup progressé et nous sommes certainement à l'aube d'un nouveau développement. Mais elle n'offre pas une garantie de bonne santé dans la mesure où l'idéal de la médecine n'est pas l'ablation ou le remplacement des organes. Elle ne devrait donc être proposée que dans des cas d'urgence.

Par ailleurs, la médecine occidentale trouve rapidement ses limites. Par exemple, elle ne propose que des diagnostics incertains dans le cas des pathologies fonctionnelles, quand la structure n'est pas touchée mais qu'il y a souffrance. Ces maux où interviennent des facteurs émotionnels, des blessures affectives, des comportements déviés par rapport aux aspirations profondes, compliquent les règles du jeu et mettent en échec les panoplies technologiques. Enfin, il y a aujourd'hui l'apparition de nouvelles pathologies dont on parle peu car on ne sait pas quoi en faire.

C'est peut-être pour ces raisons qu'un nombre relativement important de personnes pratiquant les T'Chi Gong ont une demande précise concernant une pathologie (hypertension artérielle, insomnie, rhumatismes...). Le T'ai-Chi Chuan, quant à lui, est moins ciblé sur des objectifs médicaux.

L'intérêt pour les T'Chi Gong a suivi celui qui s'est manifesté pour l'acupuncture, l'une des disciplines de la médecine chinoise traditionnelle. La France n'est pas très en avance sur ces sujets. L'Allemagne, le Canada et les États-Unis ont vu chez eux un développement beaucoup plus rapide des médecines énergétiques chinoises.

Je pense pour ma part qu'il n'y a pas de médecine miraculeuse, qu'elle soit occidentale, chinoise ou autre, et qu'il serait grave de faire des promesses excessives et infondées.

Il est vrai que les T'Chi Gong thérapeutiques sont utilisés dans certaines cliniques chinoises pour soigner des pathologies graves, notamment le cancer. Leur prescription est souvent associée aux interventions de la médecine occidentale et leurs résultats, semble-t-il, ne sont pas négligeables. Il est vrai également qu'en Chine, de nombreux maîtres de T'Chi Gong utilisent leur capacité énergétique pour soigner ceux qui les sollicitent.

Pourtant, je ne vois pas pour l'instant, en Europe, l'émergence d'un traitement par le T'Chi Gong. En Chine même, beaucoup de maîtres préfèrent utiliser des massages appropriés qu'ils jugent moins coûteux en énergie que l'émission directe du T'Chi.

L'intérêt des T'Chi Gong, du point de vue thérapeutique, est ailleurs. Il est dans l'idée et la possibilité pratique d'un comportement de prévention, très différent du nôtre.

En Occident aujourd'hui, nous sommes dépossédés de toute action personnelle concernant notre santé. L'accès facilité aux soins dans toutes les situations et le recours excessif aux médicaments nous privent de toute autonomie. Tout cela a une conséquence, c'est que nous ne nous sentons presque jamais responsables de nos maux ! Quand la maladie est là, nous ne la relions jamais à nos comportements, à nos choix ou... à nos absences de choix.

Dans son histoire, la Chine a toujours fonctionné sur le modèle de la prévention, considérant que chacun possède une responsabilité et exerce un pouvoir sur son corps et sur sa santé... Il y a plus de vingt-cinq siècles qu'une véritable auto-éducation y est pratiquée. À ce sujet, on peut lire dans le Nei Jing : « Il est cinq directives qu'il serait bon d'afficher dans tout l'empire pour l'enseignement de ceux qui, trop occupés par leur nourriture, les méconnaissent généralement :

1 – Unifier son esprit.

2 – Pratiquer l'hygiène (diététique, T'Chi Gong...).

3 – Connaître les vertus des plantes.

4 – Savoir façonner des aiguilles de toutes tailles.

5 – Savoir examiner et évaluer l'état du T'Chi et du sang dans chaque organe. »

Ce modèle est toujours valable en Chine où le gouvernement a très bien compris qu'aucune forme de prévention sociale n'avait la capacité financière de prendre en charge une population dépassant le milliard d'individus. En France, nous connaissons bien les déficits structurels de la Sécurité sociale...

D'une manière plus précise, la prévention consiste à savoir s'adapter aux cycles saisonniers. Grâce aux T'Chi Gong et à la nourriture, le comportement psychologique peut alors se modifier suivant les projets et les désirs de chacun. Nous reviendrons sur ce sujet car c'est l'élément clé de notre recherche : l'écoute fine du T'Chi et des intentions du cœur, au rythme des saisons.

Tout l'intérêt, toute la force des T'Chi Gong résident dans ce principe. Le pratiquant en est le propriétaire et il peut les intégrer à son quotidien, à titre préventif ou curatif. Dans ce dernier cas, il peut conduire personnellement sa séance et ainsi collaborer activement au traitement global.

Bien entendu, la confiance dans les procédés est fondamentale, ainsi que la confiance en soi du pratiquant. Or, nous avons remarqué que cette attitude est aujourd'hui très amoindrie chez la plupart des gens. Beaucoup pensent être incapables de jouer un rôle personnel bénéfique en regard de leur maladie. Ils cherchent alors le thérapeute qui fera un miracle, qui trouvera la solution, la clef du problème, et ils le trouvent. C'est alors l'enthousiasme... momentanément. Quelque temps après, ce qui était vrai ne l'est plus et ils se mettent en quête d'un nouveau thérapeute.

Les médecins, les thérapeutes, font toujours du bon travail. L'ostéopathe remet correctement la vertèbre déplacée, re-déplacée, mais il ne remplace pas l'attitude, le geste juste, le corps centré. Pour cela, un travail quotidien et personnel est nécessaire. Il suffirait d'adjoindre au traitement des procédés simples de T'Chi Gong – pourquoi pas prescrits par le médecin ou le thérapeute ? – qui permettraient aux patients de prendre une part active dans leur propre processus de guérison.

C'est tout simple. Ils pourraient, par exemple, conseiller à un hypertendu de se tenir quelques minutes chaque matin devant sa fenêtre ouverte et de tout oublier en prenant conscience du mouvement de sa respiration, du rythme qui vide et qui remplit ses poumons.

Je ne pense pas que l'aspect thérapeutique du T'Chi

Gong soit le plus important. Néanmoins, le fait de vouloir vivre longtemps et en bonne santé, de conserver son autonomie intégrale jusqu'au bout est souhaitable et compréhensible. Pourtant, il ne faut pas oublier l'adage souvent répété par les maîtres : « Se maintenir en vie, ce n'est pas encore être vivant. »

Il y aurait peu de bénéfice à vivre vieux avec un cœur qui ne serait pas encore ouvert !

La visée spirituelle

Il y a une trentaine d'année les aspects thérapeutiques et martiaux du T'ai-Chi Chuan étaient occultés et on le qualifiait souvent de « méditation en mouvement », avec une connotation spirituelle. Cette notion me gêne car je ne comprends pas ce que veut dire celui qui l'utilise... Je crains toujours un envol vers des sphères où le corps serait oublié et la pratique disqualifiée.

Aujourd'hui, les pratiquants savent que les démarches énergétiques sont héritières de ce que nous appelons le Taoïsme, c'est-à-dire la tradition originelle chinoise qui regroupe un ensemble de principes et de connaissances que les Chinois nomment le Tao, et dont on ne peut pas très bien ou pas du tout parler. Cela tombe bien et permet d'éviter le poids des certitudes et des supériorités si souvent porté par les doctrines en « isme ».

La voie du Tao bavarde peu. Les vieux maîtres sont des hommes de « peu de mots », tendus davantage vers le silence et ce qui peut y fleurir. En cela, ils suivent sans doute les êtres authentiques et lumineux de l'aurore de leur histoire, qui continuent de les inspirer. Peut-être aussi n'y a-t-il pas beaucoup à dire sur ce qui leur est évident : l'important est de le vivre dans l'expérience quotidienne.

Il ne serait pas bon, par ailleurs, que le Taoïsme devienne la dernière voie spirituelle à la mode. Les grandes traditions ne se livrent pas à domicile comme des pizzas. Elles ne s'extériorisent pas mais, au contraire, se pratiquent dans la sphère intime de ceux qui souhaitent s'y intégrer. En dehors des rituels et des pratiques, les méthodes traditionnelles et leurs principes de formation n'ont pas d'usage et ne peuvent être l'objet de discours ou de débats intellectuels, surtout par ceux qui sont à l'extérieur.

Nous nous contenterons donc de rappeler quelques principes simples, universels.

Tout commence avec le ciel. *Tien* en chinois évoque, bien sûr, le ciel bleu qui nous couve, nous couvre, et que nous connaissons tous ; mais il est aussi *Xuan* le mystérieux, celui qui est plus grand que nous. Cet aspect est irréductible à notre pensée, notre langage : vouloir définir le ciel serait présomptueux mais surtout inutile.

Si nous ne savons pas ce qu'est le ciel, nous devons apprendre ce qu'il veut de nous. Dès notre conception, le ciel est présent, au rendez-vous de la vie qui commence. Il a un projet pour nous *(Ming)*.

Il est intéressant, ici, de marquer la différence avec la conception habituelle de ce que nous appelons destin. En effet, à la notion de destin est nécessairement associée celle de privation de liberté... Est-ce le hasard qui conduit le fil de notre vie, ou y a-t-il une programmation ? Thème inlassable de dissertations philosophiques, d'interrogations existentielles...

L'originalité de la conception chinoise, c'est de concilier destin et liberté. Il existe un projet du ciel, mais on a le droit de le refuser, de lui dire non. C'est un peu comme quand on dit, dans le déplacement du T'ai-Chi Chuan, que le « le Yin ne retient pas le Yang » : on oublie la sécurité du centre et on peut choisir d'être candidat au déséquilibre. De la même manière, vous pouvez passer toute votre vie à chercher des pâquerettes dans la forêt, même s'il n'y en a pas. Bien sûr, ce ne sera pas la faute du ciel si vous n'en trouvez pas. En d'autres termes, vous pouvez passer toute votre vie à effectuer un travail qui ne vous satisfait pas, avec des partenaires qui ne vous conviennent pas et réciproquement. Là encore, le ciel n'y sera pour rien : le projet est une chose, la réalisation en est une autre, elle varie avec chaque personne.

Musique et rythmes seraient sans doute les expressions les plus fiables pour approcher le cœur de la tradition taoïste. Peut-être aussi le regard du bébé humain lorsqu'il se pose sur nous.

Tout commence par un jeu de lumière et d'ombre.

La lumière, nous en avons déjà parlé. C'est le bonheur qui vient avec la vie, c'est le « projet du Ciel ». Il est toujours singulier : « Chaque fleur pousse sur sa tige. »

Le terme chinois qui évoque l'ombre, *Gui (Kouei)* est souvent traduit par « fantôme », « revenant ». L'ombre est nichée au fond de notre cœur, elle en émerge sans cesse, puis disparaît à la lumière. Pour ne pas perdurer dans le fantastique, il faut préciser sa nature : à la naissance, nous recevons en héritage des prédispositions affectives particulières qu'on pourrait qualifier de « code génétique du sentiment ». C'est ainsi, par exemple, que le nez ou le menton d'une tante peut nous inspirer un comportement émotionnel particulier : de la peur, de la dérision, de la tristesse... En fait, ces sentiments sont normaux, seul leur excès crée un problème. Ils sont alors semblables à des instruments de musique qui jouent faux. Ce sont eux les fantômes, car nous pouvons les ignorer longtemps, refuser de les reconnaître, tant il est facile d'attribuer ses propres échecs aux autres. Puis un jour, il faut l'espérer, cela cesse de marcher, les alibis deviennent inopérants. Alors, nous nous retrouvons seul. Nous avons démasqué nos fantômes et nous nous apercevons que cela ne sert à rien. Nous continuons d'être apeuré, moqueur ou triste... Reconnaître l'existence de ces fantômes, de cette ombre en soi, est sans doute une étape nécessaire, mais cela ne suffit pas. Il existe même un risque à mener avec eux une conversation sans fin dont nous ne pouvons sortir gagnants...

En revanche, nous pouvons tenter de les amener à la lumière, car l'ombre est réduite au minimum quand le soleil est au zénith. Cela implique un « travail du cœur » dont nous parlerons plus loin. Le *Gui* peut être considéré comme la somme de nos déchets psychologiques, et la voie du Tao aide à s'en libérer, à se posséder soi-même, à naître enfin. Le *Gui*, l'ombre est un moyen de grandir et, en cela, il n'est pas négatif.

L'urgence de la transformation

À partir de là, des capacités d'avenir très différentes peuvent se programmer :

• la domination de l'ombre : la vie est perçue comme la répétition d'un même scénario au fil des existences, et le changement de lieux ou de partenaires n'y change rien. On blesse et on s'y blesse. La lumière est toujours là, au fond du cœur, mais pour la laisser s'exprimer, il faut trouver le mode d'emploi ;

• la volonté de transformation : elle suppose l'affrontement de l'ombre et le travail sur soi. Cela implique la réponse à trois questions : qu'est-ce que je veux vraiment ? Quelle est ma place ? Qu'est-ce que je suis prêt à lâcher, à vider pour y parvenir ? ;

• la Transformation elle-même : en chinois, elle évoque l'idée de floraison. Il ne s'agit pas de gommer ses émotions mais de ne pas se « faire avoir » par elles. Ce qui motive cette transformation n'a rien de moral, de mystique ou de philosophique ; c'est plutôt le pressentiment d'une grande joie, d'une grande beauté, d'une grande liberté et d'un grand plaisir, bien sûr !

Dans tous les cas il s'agit d'apprendre à vider son cœur.

Ces trois mots expriment toute la psychologie chinoise. Il appartient à chacun de trouver ce qui ne va pas chez lui, ce qui blesse sa vie, non en pointant l'index vers les autres, mais sur l'image qui, dans le miroir, reflète l'état de son cœur.

Or, cette reconnaissance, cette étape ne suffit pas. Encore faut-il en faire quelque chose. Ce n'est pas parce que vous constatez que vous chantez faux, que vous jouez faux, que vous commencerez à chanter et à jouer juste. Ce n'est pas parce que vous réalisez que vous êtes coléreux, lunatiques, etc., que vous cesserez de l'être.

La prise de conscience et le bilan éclairent le passé, mais ils doivent, dans le même temps, lancer et justifier un projet de transformation qui aura prise sur l'instant. Toute pensée, toute action qui ne permettent pas de rendre la vie plus légère, plus belle, sont négligeables, voire inutiles.

L'homme ressemble à l'olivier. C'est le vide qui permet à la lumière de pousser la vie existant dans la fibre végétale et de transformer la fleur en fruit. Pour cela, la taille est nécessaire. Vider votre cœur pour vous transformer sollicite un ensemble de pratiques débutant par l'arrêt du bourdonnement, du mouvement incessant de l'activité mentale. Les pensées appellent les pensées, semblables aux ondes qui s'éparpillent à la surface de l'eau « tremblée » par la pierre qu'on y a jetée.

La pratique de la relation juste

La relation juste, c'est la capacité de produire, d'exprimer uniquement ce qui convient et pas plus, dans une situation et une relation données. C'est aussi la capacité d'écoute dans une relation à deux.

L'idéogramme que nous traduisons par « relation

juste» évoque l'idée de sacrifice, de retenue. Ainsi, dans l'ensemble du système de relations, il faut apprendre à être prudent «comme celui qui traverse le gué d'une rivière en hiver», à cultiver «le souffle de l'invité», c'est-à-dire de celui qui tient sa place et ne perturbe pas ce qui l'entoure, de celui qui calme son mental pour laisser toute la place au souffle.

Cela implique une certaine méfiance envers un comportement fondé uniquement sur l'amour: l'ombre peut utiliser l'amour en engendrant séduction et malentendus.

On peut donner, mais tant qu'on n'est pas totalement lumineux et céleste, il faut veiller à la sobriété du don et du mouvement qui va à la rencontre des autres. L'innocence de l'intention est essentielle. Quant à la compassion, elle doit être d'abord pratiquée à son bénéfice personnel avant d'être consacrée aux autres.

La pauvreté véritable, l'étrange obscurité de l'être, c'est quand la beauté qui est partout, depuis toujours et à jamais ne peut pas être perçue par les yeux et les oreilles. Cette pauvreté-là est partagée par tous, SDF ou PDG.

La relation juste est également conditionnée par le respect de deux exigences incontournables: l'opportunité, car la réussite d'une décision, d'un acte individuel ou politique se jouent dans le juste moment, et la mesure, car la réussite dépend également de la juste intensité de l'expression.

Le modèle, ici, est le rythme saisonnier: il suffit d'imiter la nature. Ce qui est important pour la terre, c'est que l'été et l'hiver surgissent au bon moment, ni à l'avance ni en retard. Il en est de même pour les passages à l'action et pour les décisions.

Les saisons intermédiaires donnent aussi une leçon de mesure: le vent qui souffle au printemps joue un rôle essentiel dans la résurrection des fibres végétales. Le vent, mais pas la tempête! C'est là encore une question d'intensité: il s'agit de maîtriser les excès dans tout comportement. De même, la dessiccation, le sacrifice des feuilles en automne permet le retour et la protection de la sève dans le centre de l'arbre. À l'extrême, la sécheresse totale détruit tout.

Que l'on s'adresse à son partenaire ou que l'on modifie la taxe sur les carburants, il faut toujours appliquer les règles du jardinier : agir au bon moment et avec parcimonie !

Aimer, sentir profondément la nature

Nous sommes ici au cœur de la voie du Tao et, d'une certaine manière, voici tout le sujet de ce livre.

Sentir la nature implique de percevoir la fluctuation des rythmes énergétiques de façon à modeler son comportement sur ce mouvement. C'est dans ce domaine que les recherches de l'énergétique chinoise me semblent les plus intéressantes.

Nous entendons très souvent qu'il y a urgence à modifier notre relation avec ce qui nous entoure ; on nous dit de plus en plus souvent que la situation est grave, que l'état de santé de notre planète est susceptible de se dégrader rapidement si nous ne changeons pas les modes d'intervention, de production.

Les accords internationaux sur cette question essentielle se mènent difficilement, mais je ne doute pas que des restrictions draconiennes seront finalement imposées pour préserver la qualité de notre éthos – notre manière d'être –, l'existence de notre faune, etc. Ce qui est dommage, c'est que toutes ces contraintes justifiées par la peur ne susciteront pas un changement de conscience en profondeur. C'est plus une affaire de tête et de raison que de cœur et de sentiment.

Ce que propose la voie du Tao, sa perception énergétique des vivants, c'est la possibilité d'un lien et d'une adhésion à la nature éloignés de toute contrainte et de tout calcul. Nous reviendrons plus précisément sur ce sujet dans la seconde partie, « La voie du Tao ».

Les objectifs martiaux – le « T'Chi poison »

Le T'Chi Gong et le T'ai-Chi Chuan sont souvent présentés comme l'origine, la fondation des arts martiaux chinois et japonais. Les applications à deux du T'ai-Chi Chuan, les poussées des mains *(Tui Shou, San Shou)*, confortent cette idée. On y retrouve en effet les principes de l'aïkido et du karaté, ce qui n'est pas étonnant dans la mesure où leurs fondateurs avaient une bonne connaissance des T'Chi Gong chinois.

Le T'Chi qui peut soigner, peut aussi blesser. Cette application existe, mais elle ne justifie pas le T'Chi Gong et le T'ai-Chi Chuan.

Les utilisations du T'Chi sont multiples et toutes sont intéressantes, mais certaines sont essentielles. D'ailleurs, le T'Chi ne joue pas toujours un rôle prépondérant dans les exercices et les applications du T'ai-Chi Chuan. C'est d'ailleurs aussi bien comme cela. Il en est de même pour les « formes », les séries de mouvements, qui utilisent les armes : épées, bâtons, sabres, etc.

On fait souvent la distinction interne/externe pour distinguer un travail martial reposant sur le T'Chi de celui qui s'appuie sur la force musculaire. Cette distinction est très relative en Chine, bien que certaines écoles et certains enseignements dits externes *(Wai)* travaillent essentiellement la rapidité, la souplesse et l'activité musculaires, tandis que d'autres, notamment les écoles Shaolin, pratiquent le travail énergétique et possèdent les mêmes indications et les mêmes outils que les styles dits internes *(Nei)*.

Il est vrai également que certains T'Chi Gong visent à

la formation du « T'Chi poison », c'est-à-dire au blocage du T'Chi dans des zones vulnérables, plutôt qu'à sa bonne circulation dans les méridiens ou certaines parties du corps. C'est que le T'Chi poison peut avoir des effets bénéfiques en empêchant la dispersion du T'Chi pervers *(Xie T'Chi)*, pour diminuer le temps de résolution d'une fracture. Dans le *Kong Jin T'Chi Gong* (le T'Chi Gong de la Force vide) ou le *Yi Zhi* (T'Chi Gong du Doigt unique), les pratiquants s'entraînent à favoriser le rapprochement des os par l'émission du T'Chi.

Le T'Chi est souvent perçu comme un rythme qui peut être senti, et aussi stimulé, par un partenaire. Il en découle que le contraire, la capacité de déphaser le T'Chi, peut entraîner des effets déplaisants. Cette recherche, qui existe encore dans certaines écoles en Chine, ne doit pas être abandonnée, mais il faut que les intentions qui la sous-tendent soient très claires et très contrôlées.

L'utilisation martiale du T'Chi est protégée de diverses manières par les maîtres qui l'enseignent. Soit ils ne donnent pas toutes les applications possibles des exercices concernés, soit ils ne dévoilent pas le nom des plantes qui sont parfois utilisées conjointement à ces exercices.

2/ Le chemin occidental

Avant de développer la logique du vivant spécifique au Taoïsme, il est intéressant d'évaluer notre héritage occidental sur ce sujet.

Notre culture basée sur une conception scientifique qu'il reste à préciser, n'est pas très ancienne. Son origine est liée au XVIIe siècle, et c'est à partir de ce moment que tout commence : d'abord la science physique (un nouveau regard sur l'espace) suivie par les sciences dites naturelles et la chimie, puis au XIXe siècle, la biologie, origine de la médecine occidentale.

Au XVIe siècle, au cours du Moyen Âge finissant, le divin est encore reconnaissable et il opère dans toutes les manifestations naturelles. L'homme considère que Dieu a bien fait les choses :

• il l'a placé au centre de l'Univers, c'est ce que l'on a appelé le géocentrisme de Ptolémée,

• au niveau du temps, il a dissocié sa naissance de celle de toutes les autres espèces animales.

Le Moyen Âge a vécu un rapport privilégié à la nature transcendée en Dieu, et il nous en reste des témoignages dans l'immense chantier gothique qui s'est dressé vers le ciel à cette époque. Dans cette conception ancienne, tout phénomène était d'abord signe divin. La manifestation physique n'avait pas de sens en elle-même, elle renvoyait toujours à quelque chose de plus grand et d'invisible. Ainsi l'alchimie était une œuvre qui se développait tout autant, et même plus, au niveau du cœur qu'à celui de la matière. Il s'agissait davantage d'éprouver que de prouver.

À la fin du XVIIIe siècle, et malgré le développement des premières théories scientifiques, la croyance populaire verra encore la comète comme un signe de Dieu pour punir les athées et annoncer une catastrophe à venir. Dans ce temps-là, un philosophe aussi novateur que Rousseau au niveau des idées politiques, conserve les principes anciens. Dans *Émile ou De l'éducation*, il pourra dire ainsi devant le lever du soleil : « Regarde, admire et croit ! » Il exprime là l'idée que la beauté du monde conduit nécessairement à la certitude de l'existence de Dieu.

Bien sûr, des changements de comportement décisifs seront engendrés par l'évolution de la démarche scientifique et mathématique. Un objet parmi d'autres témoigne symboliquement de ce passage : l'ampoule électrique à fil incandescent. Jusqu'au XIXe siècle, pour éclairer, il fallait brûler de la matière. Cette technique de combustion avait probablement pris sa source dans l'observation des phénomènes naturels, les incendies notamment. L'ampoule électrique obéissant aux lois de Joule était fondée sur une technique de non-combustion qui n'avait plus rien à voir avec la nature et ne relevait plus d'aucune observation du milieu.

Pour qu'une telle réalisation soit possible, pour qu'une volonté et un pouvoir scientifiques émergent, il fallait avoir la certitude que la réalité était différente des apparences, mais aussi renoncer à l'idée que le monde était soutenu par un projet divin. Il était nécessaire que Dieu se retire du monde pour que l'homme ait le droit de le penser et, plus tard, de l'utiliser.

Cette rectification du perçu, du sensoriel, et ce recul du religieux dans l'interprétation physique de l'Univers nous semblent aujourd'hui évidents. Nous savons que notre sensation d'immobilité est illusoire et que nous sommes impliqués dans la danse de l'Univers. Nous savons que dans une goutte d'eau, il existe une multitude de micro-organismes, que nous ne contemplons jamais le soleil et la lune mais seulement leur passé, que le vide constitue l'essentiel de la matière... Cette prise de position radicale qui sonnait le glas de la sécurité médiévale, nous la devons à un philosophe du XVIIe siècle, René Descartes !

La double réduction cartésienne

Après avoir réfléchi aux découvertes galiléennes et évalué leurs conséquences, Descartes nous en propose une double réduction.

D'abord, il ramène la définition de la psyché élaborée par les Grecs anciens à la simple conscience, à la pensée. En cela, il est bien le père de la culture occidentale ! À partir de cette époque, les philosophes, puis le peuple, considéreront le mécanisme de la pensée comme un phénomène monolithique incontournable, évident.

Lorsque j'étais enfant, en feuilletant les pages roses de mon dictionnaire, j'avais rencontré par hasard le fameux théorème cartésien : *Cogito ergo sum.* Ni à cette époque ni plus tard, en classe de philosophie, je n'ai ressenti son sens comme évident. D'autant qu'en y réfléchissant, je me suis aperçu qu'on pouvait dire exactement le contraire : « Je sens, je respire, je touche donc je suis. »

La première ombre, la première remise en question viendra avec Freud et la psychanalyse, conviction qu'il y a dans la pensée du non-pensé, un système de trous qui exprime un ailleurs de la conscience. À partir de là, le *Cogito* s'exprimera ainsi : « Là où je pense, je ne suis pas ; là où je suis, je ne pense pas. »

Ensuite, Descartes réduit la nature, si riche et si complexe, à une simple étendue géométrique qui pourra s'évaluer en largeur, en longueur, en profondeur. La matière (*mater* mère) devient un niveau disqualifié du vivant dont la pensée pourra tôt ou tard percer les secrets ultimes.

À cet égard, le début du millénaire a connu des avancées sans doute décisives et irréversibles.

La double réduction cartésienne (pensée/matière) a donc permis à l'homme de remplacer Dieu et a privilégié la toute-puissance de la pensée humaine.

Cette puissance va s'exercer, entre autres, sur le corps dont l'image sera dorénavant rattachée à la matière, à la structure. La littérature classique est significative à cet égard : la pensée et le corps y ont toujours des rapports antagonistes. Si la pensée domine, tout va bien : le corps est maîtrisé, la morale est sauve. À l'opposé si le corps l'emporte, à savoir les pulsions, la passion, on rentre dans la démesure, le non-rationnel. De Sade à Bataille, en passant par Baudelaire et les autres, les « bons » auteurs s'opposent à ceux qui privilégient les signes du corps.

Il a fallu attendre Freud pour avoir un diagnostic efficace de la névrose hystérique, et pour considérer les symptômes – contractures, pertes temporaire de la vue... – non plus comme des non-sens mais comme des solutions corporelles passagères à une angoisse psychique intense. Il fallait alors un nouvel outil intégrant l'unité de la pensée et du corps, qu'on appellera plus tard la psychosomatique.

Et la pensée ?

Descartes ne l'invente pas, bien sûr ! Il simplifie le psychisme ou, plutôt, il en extirpe toute signification spirituelle. Il en fait la capacité abstraite de poser des rapports logiques.

Scientifiquement, la mathématique devient l'outil premier. Son efficacité est significative car elle ne prend en compte ni la nature singulière des choses ni leur existence particulière : quels que soient le moment et la situation, un théorème mathématique est toujours valable. Celui, si célèbre, qui pose la somme angulaire d'un triangle comme équivalent à 180° vaut pour tous les triangles du monde.

Mais cela ne fonctionne que parce que la vie y est mise entre parenthèses. Or, la vie est tout le contraire, elle n'est que singularité et changement.

Le langage fonctionne de la même manière que les mathématiques, si bien que vingt-cinq siècles après Lao Zi, le Tao dont on parle n'est pas le Tao.

Les linguistes du XXe siècle, Saussure en tête, définissent le langage comme un ensemble de signes conventionnels, arbitraires, sans aucune relation de nécessité avec les modèles naturels. Le langage c'est de la mémoire en prise sur du présent, c'est toujours singulier. On ne voit pas, on reconnaît disent les linguiste... Or, il n'y a pas au monde deux feuilles d'arbres identiques.

Lorsque nous utilisons le mot feuille, nous nions toutes ces différences, mais d'une certaine manière, nous n'avons pas le choix. Si nous voulons communiquer, faire partie du monde, nous devons sortir du réel et ne pas tenir compte de la puissance de différenciation absolue de la nature... La question reste posée: fallait-il nommer les fleurs, puisqu'elles existent en dehors de leur nom?

C'est pour cette raison que l'enseignement des grandes traditions marque souvent une méfiance envers le langage. Le silence, la parole scellée se retrouvent aussi bien dans le Taoïsme qu'en Franc-Maçonnerie; les pratiques corporelles pour le premier, le mutisme obligé des apprentis et le travail symbolique pour les seconds signent la mise à distance nécessaire du langage.

Cela n'exclut pas, en revanche, l'attention respectueuse à l'héritage consigné dans l'écriture, par exemple le caractère chinois ou hébraïque.

Le langage est de la même nature que les passés multiples où il fonde son efficacité. Il ne peut jouer un rôle décisif dans la résolution des séquences répétitives qui nous déchirent.

En Occident, c'est du côté de l'Art que s'est exprimée la plus grande agressivité contre le langage qui occulte l'être intime du réel en le re-présentant. C'est cette remise en question des mots qui ne sont pas les choses que l'on retrouve chez Breton, Joyce, Michaux... le nouveau roman. Le même mouvement se retrouve en peinture, de Cézanne à l'art contemporain en passant par Picasso, Braque, etc. Les expressions de Breton: «Le langage, c'est de la merde!», de Matisse: «Pour peindre une seule fleur, il faut oublier toutes les autres», de Courbet bien avant: «Ce n'est pas la mer que je peins, c'est un moment», évoquent toutes cette mise à distance du réel construit par les mots.

Il est vrai qu'à partir du moment où l'art s'éloignera du réalisme, du conventionnellement perçu, il prendra le risque d'être inactuel et intempestif, et perdra son appui populaire. Les écoles impressionniste, fauve, cubiste, apparaîtront comme des injures à l'art classique, comme une décadence, et seront jugées négativement. L'art si bien intégré à la cité au Moyen Âge et à la Renaissance prendra une saveur asociale, voire malsaine.

Le langage et la pensée se structurent simultanément au cours de l'enfance. Cela doit entraîner une lente déperdition, une dévalorisation progressive de la présence sensorielle. On peut observer que certains enfants sans handicap apparent, présentent un retard évident à l'intégration de la lecture. Veulent-ils faire perdurer inconsciemment ce moment où l'image, pas encore nommée, a une qualité, des intentions que l'œil de «celui qui parle et lit ne pourra plus saisir»?

C'est la conscience du temps qui rend possible l'efficacité du langage, de la pensée. La possibilité d'une identité apparaît tardivement chez l'enfant. L'adulte a quelques difficultés à posséder des informations sur ce qui a été vécu avant l'âge de 5 ans, comme un ordinateur qui a perdu ses mémoires. L'hypothèse freudienne selon laquelle cette phase correspond à la structuration d'une loi morale nourrie par le renoncement aux pulsions sexuelles dirigées sur les parents, pour ne pas perdre leur amour, n'est pas inintéressante. Mais cela n'exclut pas le plus simple, à savoir que la richesse sensorielle de l'enfant, sa capacité à vivre l'instant rendent difficile l'accès à ces mémoires.

C'est aussi pour cela qu'on pratique le T'ai-Chi Chuan : pour retrouver des enracinements, des légèretés, des capacités d'oubli perdues depuis longtemps, depuis ce moment si riche où l'on n'engrange pas, où l'on ne projette pas. On reste dans l'épaisseur du moment sans nécessité de connaître le mot pour en parler, la pensée pour aller plus loin. On se souvient alors de l'enfant qui joue. On regarde cet enfant et on le trouve beau, naturel. Mais on tuera ce qu'on admire en le lui disant, aussi bien qu'en lui apprenant à parler et à penser. Pour comprendre, il suffit de comparer le regard d'un enfant et celui d'un adulte pris en photo : l'enfant exprime une innocence et une vacuité que l'adulte a perdues.

Il doit en être pour l'espèce comme pour l'enfant : les performances du cerveau n'ont sans doute pas été immédiatement efficientes. Quel a été le choc initial, s'il y en a eu un, permettant la disponibilité du souvenir, la capacité d'utiliser des mémoires ? Ici, c'est le grand mystère. On ne peut faire que des hypothèses.

Je me souviens d'avoir vécu une expérience curieuse. Si vous dormez à la belle étoile, vous avez peut-être vécu la même chose : réveillé brutalement, sans trop savoir où j'étais et qui j'étais, mon regard a été envahi par la pleine lune qui arrosait l'obscurité. Simultanément, la lumière du jour, l'éclat solaire s'est superposé à la lumière de la nuit. J'ai ressenti à la fois similitude et différence. Une altérité capable de forcer le souvenir. Cela s'explique probablement par la vision de la lune montrant alors un diamètre apparent semblable à celui du soleil.

Une expérience, une situation de cet ordre a-t-elle servi de déclencheur ? Nous ne le saurons jamais. Peu importe. À un moment donné, l'espèce humaine s'est trouvée « capable de temps », c'est-à-dire douée de la possibilité de se souvenir et d'anticiper.

À partir de là, à mesure que l'homme a grandi, que la civilisation a progressé, ce qu'on appelle le présent a rétréci de plus en plus, à l'avantage du passé et de l'avenir. Il suffit de nous observer, aujourd'hui, avec nos montres à quartz qui programment le temps et ses contenus, avec nos pensées qui bavardent de souvenirs... jusqu'à l'insomnie.

Cette conquête de la mémoire est aussi une accession à la conscience permanente de la mort. La maîtrise du passé et la conscience de la mort, c'est la même chose. Cette double performance nous distingue de toutes les autres espèces animales. C'est bien la mémoire à long terme et la certitude de sa fin qui distingue la lignée humaine.

Et c'est cela, sans doute, qui justifie l'avertissement de Dieu dans le mythe adamique : « Si tu sais cela, tu en mourras. » En fait, Dieu parle comme on peut parler à un enfant qui se jette sur des cerises : « Si tu en manges trop, tu auras mal au ventre. »

La disponibilité du passé, l'accession aux mots et à la pensée, c'est la fin de l'innocence. À partir de là, l'homme sait qu'il va mourir et le paradis perdu aura une saveur d'immortalité. Toute sa quête sera d'échapper au temps avec une pensée structurée par le temps.

Il n'y a pas si longtemps encore, on se plaisait à penser que l'homme allait assurer de mieux en mieux son emprise sur l'espace, sur le monde physique, mais resterait dans une relative infériorité au regard du temps et de la mort, qui restait l'ultime angoisse. On ne peut plus dire cela. Déjà, on nous promet une étape où la longévité sera notablement allongée, où le clonage et le transfert d'organes nous assureront la conquête de l'immortalité.

La question importante, c'est de savoir si cette immortalité-là, quantitative, est bien la même à laquelle nous aspirons véritablement.

Deuxième partie

La voie du Tao

« Comment connaître le Tao ? Par le cœur.
Comment le cœur connaît-il ? Par le vide. »

3/ Penser autrement

Nous allons à nouveau parler de pensée, de corps, de temps, de vie et de mort, mais au travers du Tao les mots nous renverrons à des réalités très différentes. Peut-être faudrait-il en inventer d'autres... Par commodité, nous faisons le choix de les conserver en visant tout autre chose. La logique taoïste, en effet, fonctionne en rupture avec la pensée habituelle. Sa pensée propre recherche le vide mental avec obstination.

Mais le vide ne signifie pas ici fermeture, inertie voire repos. Tout au contraire, il vise un état d'extrême disponibilité à tout ce qui peut surgir devant soi. Prenons un exemple familier : si nous lavons un bol, ce n'est pas dans l'intention de le laisser définitivement dans le placard mais de l'utiliser à nouveau. Il en est de même pour le mental, si le cœur est absorbé par le passé et l'avenir, s'il est plein, il n'aura plus d'appétit pour les possibilités de rencontre dans l'instant.

« Geler la pensée », « chasser les pensées vagabondes », ce sont des indications qui reviennent constamment dans la pratique des T'Chi Gong et du T'ai-Chi Chuan. Les deux outils utilisés à cet effet, que nous expliquerons en détail ultérieurement, sont le ressenti de la posture et la respiration.

Il s'agit de redonner au corps, au souffle, la priorité. Or, cette pratique peut sidérer la pensée, la mettre en rupture.

Au départ, il y a la nouveauté, le plaisir de sensations nouvelles ; puis, lorsque le mental a fait le tour du ressenti nouveau, il arrive qu'il s'ennuie. Le corps, tout au contraire, s'il est bien, s'il dépense juste ce qui lui est nécessaire pour ses mouvements sans tension, sans entrave émotionnelle, ne craint pas la répétition ; il est semblable à l'enfant qui joue avec un plaisir toujours renouvelé.

C'est sans doute logique : le mental qui fonctionne essentiellement par la répétition de scénarios, répugne à l'immobilité, tandis que le corps, lui, peut demeurer des heures dans la même posture ou peut expérimenter de nombreuses fois le même exercice. Mais c'est toujours le mental qui finira par le distraire.

C'est pour libérer le corps des exigences de la pensée que les maîtres de T'Chi Gong donnent peu d'explications. Une explication convient à la tête mais elle place le corps en dépendance, elle le prive de la possibilité de trouver une réponse juste à partir de ses erreurs. C'est ainsi que l'on apprend, par imitation.

Souvenez-vous : c'est aussi par imitation que l'enfant que nous avons été a réalisé le grand exploit d'apprendre à parler.

Tout cela n'explique pas encore la notion de vide qu'il faut placer au centre de la pensée. Il serait faux de croire qu'il s'agit simplement d'arrêter sa pensée. L'usage du bol est bien dans sa capacité à contenir, c'est-à-dire dans le vide qu'il aménage.

On comprendra mieux en comparant la pensée au souffle : la capacité d'inspiration est nécessairement liée à l'expiration. Or, dans le modèle occidental, tout se passe comme si le cerveau devait obligatoirement fabriquer des idées en permanence : « On ne peut pas arrêter la pensée ! »

Toujours selon ce modèle, la plénitude a davantage de sens que le vide, souvent perçu comme un néant. Il existe une continuité de la pensée à se souvenir, à projeter, à établir des rapports, des causalités.

Dans la conception chinoise, l'idée vient au contraire

comme un cadeau, un surgissement extérieur sur le modèle de ce que nous appelons l'intuition et que notre culture met peu en valeur. Cette fois-ci, le cerveau ne produit pas, il accueille. Il est semblable à un poste de radio qui réceptionne une onde invisible. Il est comme un réceptacle qui permet de recueillir une idée présentée comme une réalité extérieure.

L'idéogramme ancien (voir p. 51) qui évoque la pensée, l'idée, est significatif à ce propos :

- il exprime quelque chose qui vient d'en haut, du ciel,
- il anime un espace croisé suggérant les quatre orients (les quatre points cardinaux),
- le tout sous la dépendance du cœur.

Le schéma est plus vaste, plus complexe, dans la mesure où il intègre l'intervention de ce que les Chinois suggèrent par *Shên*, c'est-à-dire les reins. À une exception près, les fonctions attribuées au rein dans la médecine chinoise recoupent bien les propriétés qui lui sont reconnues dans la médecine occidentale :

- la gestion et l'épuration des liquides par les néphrons (l'unité anatomique et fonctionnelle du rein, comme les alvéoles le sont pour les poumons),
- la régulation du cœur et de la circulation (contrôle du volume sanguin et de la pression artérielle),
- une action de freinage par la peur et une réaction rapide par l'adrénaline,
- la sécrétion de corticoïdes sexuels par les surrénales (fonction Yang du rein).

Jusque-là, le parallélisme est évident, mais il existe une autre fonction très importante et typiquement chinoise associée au rein : il est le dépositaire de « programmes » de compénétration susceptibles de « s'élever » vers le cerveau. Ces programmes lui permettent d'absorber par l'intermédiaire des yeux et des oreilles de quoi fabriquer ce que nous appelons « pensée » et qui est l'effet d'une rencontre entre l'attente du cœur vide, disponible, et les sensations de l'extérieur.

Encore faut-il penser comme on respire, c'est-à-dire avec un cœur vide de tout préjugé, de toute arrière-pensée. En retour, tout ce que l'on vit de beau, d'évident, de complet à un certain moment, augmente la vitalité attribuée au rein, le « vouloir vivre ».

C'est ainsi que « pensent » les Orientaux. Pour nous, Occidentaux, il n'y a que la pratique qui peut nous en convaincre : il faut expérimenter ce type de pensée pour le comprendre intimement. C'est pourquoi les techniques dites de relaxation, d'apaisement du mental sont parfois préconisées pour être plus actif et plus efficace dans sa vie sociale et professionnelle. Elles permettent, par la panne momentanée de la pensée, de bloquer les réminiscences et de restaurer la fraîcheur de votre système psychique.

On peut constater également que, dans notre histoire, de grands penseurs, de grands scientifiques ont souvent progressé grâce à un type d'intuitions très semblable au modèle taoïste et, par la suite, n'ont fait que développer une idée maîtresse qui s'était imposée à eux de cette façon.

C'est ainsi que dans ses *Confessions*, Rousseau reconnaît n'avoir eu qu'une seule idée-force à partir de laquelle il a déployé son œuvre. Sa description du moment où elle lui est « venue » est significative : une émotion intense dans un état semi-comateux lorsque l'idée-certitude s'impose à lui ; elle vient de Dieu. Mais Rousseau est philosophe et écrivain, et tout son trajet peut nous laisser supposer, peut-être tort, qu'il en rajoute un peu.

Le cas d'Einstein, le grand physicien du XXe siècle est plus crédible pour notre mentalité : « J'ai fait deux découvertes fondamentales (la théorie de la relativité restreinte et généralisée), l'une en entendant des chants d'oiseaux, l'autre en écoutant du violon. » Il ne plaisantait pas. Le tort, ici, serait de réserver ce fonctionnement à des possibilités de génie. Nous avons tous beaucoup à découvrir.

Le modèle taoïste est-il unique ? Probablement pas.

Dans les lycées, dans les facultés, on nous raconte complaisamment que notre fondement philosophique est un commencement absolu dans la mesure où il est héritier de la philosophie grecque. Il est vraisemblable que nous n'en avons retenu que ce qui nous était favorable, ce qui pouvait nous avantager : le rationalisme, c'est-à-dire la croyance dans la puissance de la pensée humaine. On distingue là les prémices des principes cartésiens.

En fait, si l'on y regarde d'un peu plus près, on découvre que Platon, notamment, maître d'une école dont on ne sait rien ou presque pour ce qui concerne ses méthodes d'enseignement, distinguait deux types d'idées :

- les idées minuscules obtenues par un effort, une tension de la pensée et du langage,
- les *Eidos*, les Idées, conçues comme ayant une existence autonome et ne dépendant plus du cerveau humain.

Une grande partie de la recherche platonicienne étudie le retour au monde des *Eidos*, perçues, vécues avant la naissance et perdues avec le premier souffle : « Nous sommes des âmes gorgées d'oubli. »

Aussi, le moment où l'*Eidos* se dévoile est toujours celui de la lumière, de la reconquête de cet essentiel que nous portons en nous, sans doute au fond du cœur, mais dont nous n'avons plus le mode d'emploi. C'est de la beauté, c'est de l'amour, c'est de l'authentique.

La phrase de Platon : « La beauté est la splendeur du vrai », incompréhensible d'après notre système de référence où l'art et la science n'ont aucun rapport et où le vrai est d'abord le rationnel et le général, prend alors du sens.

La démarche socratique elle aussi est intéressante.

Dans les *Dialogues aporétiques*, Socrate, fils de sage-femme, conduit tous les discours et toutes les certitudes dans une impasse. Il procède comme un maître de T'Chi Gong qui scelle la parole et la pensée. Il montre à son interlocuteur que les mots qui prétendent posséder la vie échouent toujours. Qu'est-ce que la perfection, qu'est-ce que l'amour, qu'est-ce que le bonheur?... Ce sont des questions piégées qui conduiront l'élève à la même constatation que le maître: « Tout ce que je sais, est que je ne sais rien. »

Cette phrase, Socrate l'aurait prononcée au moment où on lui apprenait que l'Oracle de Delphes lui avait accordé le prix d'intelligence. Comment ne pas mettre en parallèle sa réponse avec la sentence de Lao Zi énoncée à peu près à la même époque: « Savoir que l'on ne peut savoir la perfection. »

Mais cette promotion du vide, qui existe bien dans la philosophie grecque, sera oblitérée par les philosophes occidentaux qui n'en retiendront que la profusion du contenu et la lourdeur des discours.

De même, à la différence du monde occidental où, en tant qu'auxiliaire de la pensée, il joue un rôle très important, le langage est perçu dans la logique taoïste comme incapable de décrire la singularité des vivants. Ainsi le premier texte du *Tao Te King* de Lao Zi nous met en garde: « Le Tao dont on parle n'est pas le Tao. »

Dix siècles plus tard le poète T'ao Hong-King dira la même chose, à sa manière, dans sa réponse à l'empereur qui veut savoir « ce qu'il y a dans la montagne »:

« Ce qu'il y a dans la montagne?
Aux pics des nuées blanches
Je ne peux que le vivre
Et ne saurait vous le dire. »

Et plus près de nous et aujourd'hui, en Bretagne, Jean-Jacques Dournon, poète de Carnac : « Si une pierre vous sourit, comment pourrez-vous le dire ? »

Quand la vacuité du cœur est installée, tout se passe comme si la pensée figée, la parole scellée, le regard et l'oreille devenaient alors capables de recueillir, de se compénétrer avec les éléments extérieurs : « La fiabilité de nos sens est dans le vide du cœur. »

Cette phrase ancienne ne concerne pas seulement les peintres ou les pratiquants du T'ai-Chi Chuan, elle vise tous les vivants. Elle signifie que ce sont bien nos pensées et nos arrière-pensées, l'ensemble de nos systèmes de maîtrise du monde, qui occultent, qui entravent la possibilité d'atteindre l'essentiel de la vie.

Ces possibilités latentes de compénétration se nomment *Jing* en chinois, que nous traduisons par essence. Il semble que les traducteurs n'en aient pas trouvé d'autre et les risques d'erreur sont ici considérables dans la mesure où, héritiers de la culture grecque, nous définissons l'essence comme l'expression de la singularité extrême, comme une capacité d'individuation de chaque être.

Or, *Jing*, tout au contraire, est une puissance d'indifférenciation qui permet d'« aller à la rencontre » de possibilités, de ce qui est à l'extérieur, et de s'y réunifier. Ces « essences » sont emmagasinées dans les reins et agissent dans le cerveau. La dégradation, la fin des essences signerait alors l'incapacité de s'ouvrir, de s'allier aux autres, d'aller à la rencontre de la beauté du monde.

On peut être mort sans le savoir ! Et même avec un corps présentant tous les signes de la jeunesse, voire devenu... immortel. C'est de cela que semble nous prévenir Zhuang Zi lorsqu'il dit : « Se maintenir en vie longtemps, ce n'est pas encore être vivant. »

4/ Réévaluer le corps

La conception chinoise du corps est déjà connue et, d'une certaine manière, expérimentée en Occident puisque, depuis une cinquantaine d'année, l'acupuncture s'y est développée. Aujourd'hui, de plus en plus de médecins d'Europe et des États-Unis, utilisent les principes de traitement de la médecine chinoise traditionnelle.

Il faut bien reconnaître qu'il n'y a pas de médecine miraculeuse, mais on constate que pour de nombreux syndromes, notamment les maladies fonctionnelles, l'art des aiguilles permet d'obtenir de bons résultats. Des recherches sérieuses à ce sujet ont commencé et les T'Chi Gong, qui font partie de la médecine chinoise à part entière, devraient permettre de les préciser.

Ce qui caractérise la perspective chinoise, c'est la notion que derrière la souffrance du corps, derrière le symptôme, il y a toujours la vie blessée que le diagnostic doit révéler. Il y a aussi la notion que chaque organe lésé, perturbé, peut induire un comportement et une émotion spécifiques. Ainsi, il existe une vibration commune entre le foie et la colère, le poumon et la tristesse, les reins et la peur, la rate-pancréas et les incessantes ruminations, etc.

La réciproque est vraie aussi : les situations émotionnelles et affectives engendrent des pathologies organiques. C'est ainsi que l'on dit, en Chine, que « toutes les émotions peuvent se transformer en feu ».

Une autre conception reste également très différente de celles développées en Occident : la pensée dont nous sommes si fiers, souvent assimilée à l'intelligence capable de maîtriser les émotions, est perçue dans le système chinois comme un affect de la même nature que les autres et relié aux autres. Si, par exemple, le T'Chi du rein n'est pas très solide, on verra s'exprimer, en plus des signes physiques propres à la souffrance de l'organe, une prédisposition à un comportement de crainte et de peur qui rejaillira sur le psychisme. D'une manière quasi inconsciente, la pensée se complaira alors dans la mise en place de scénarios de répétition, de séquences mentales, qui créeront défensive et isolement.

En dehors du domaine médical, l'expérimentation du corps énergétique repose sur le T'Chi Gong. Ce corps, on peut tenter de l'approcher, de le présenter comme un mouvement Yin-Yang d'harmonisation jouant en continu, de la synergie des organes entre eux. Mais il s'agit aussi d'un jeu d'harmonies subtiles à l'intérieur de chaque organe – le rapport du T'Chi avec le sang, du T'Chi avec les liquides organiques... –, ainsi que d'une saveur spécifique en rapport avec un organe. Par exemple, le T'Chi du foie qui est un organe au tropisme ascendant (mouvement Yang) est « resserré » par la saveur acide (mouvement Yin) ; ou le T'Chi du poumon, organe collecteur au tropisme descendant, est « dispersé » par la saveur piquante. C'est comme dans un couple : si un élément domine en excès en permanence, les deux partenaires sont en difficulté.

On peut également tenir compte de la relation Yin-Yang entre l'énergie interne et l'énergie externe. Le corps, dans ce cas, se définit comme le fruit de leur rencontre perpétuelle.

La multiplicité des harmonisations est innombrable et on ne peut les décrire toutes. Ce qui est important de savoir, c'est qu'ici, l'unité est une « carte forcée » : elle est inévitable. Cela signifie que toute dysharmonie entre les éléments couplés, quels qu'ils soient, peut entraîner la menace du divorce, c'est-à-dire de la pathologie.

Le corps doit réaliser, réussir à chaque instant ce dont rêve le mental sans y parvenir : une unité prodigieuse.

5/ La leçon des saisons

四氣

Dans la logique taoïste, le mouvement saisonnier est le terrain principal de l'expérimentation des T'Chi Gong. Nous l'avons déjà formulé autrement : il s'agit d'aimer et de ressentir profondément la nature (voir les idéogrammes pages 61 à 66).

Pour les Occidentaux, une saison représente une date dans le calendrier et un changement de temps. C'est une relation au chaud et au froid, à la tiédeur et à la fraîcheur. C'est la constatation de la montée de la sève au printemps, de son retrait en automne. L'hiver est souvent appréhendé comme une situation de danger à cause des attaques du froid présenté comme un ennemi, de la grippe. L'été, en revanche, nous emmène en montagne ou au bord de la mer, c'est le temps des vacances. Enfin, si une saison est en avance ou en excès, on constate une augmentation des pathologies.

La voie du Tao nous invite à découvrir un autre tableau, à sentir les grands souffles qui nous traversent et font partie de nous. *Tian Ti Si Shi*, c'est-à-dire le Ciel, la Terre, les quatre saisons, c'est toute la religion des chinois, dit Claude Larre. Il s'agit d'accorder notre esprit aux quatre souffles.

Chaque saison réactualise, exprime les trois autres.

Chacune est déterminée par la qualité de celles qui la précèdent et qui la constituent simultanément, c'est-à-dire qu'elle contient les autres en germe. À son tour, chaque souffle programme déjà la floraison de ceux qui se déploient en lui et le suivront. Ainsi, dans le même instant, se rassemblent le passé et l'avenir.

La succession n'est qu'apparente, la vie surgit dans le simultané, dans la totalité de ce que nous appelons le temps.

Et cela est un indicateur du comportement humain.

J'écris ces lignes au début de novembre. De manière silencieuse, les souffles qui sont aussi mon corps se préparent à accueillir l'hiver, pour le meilleur ou pour le pire. C'est une tâche, une attention de jardinier, de paysan. Pour sentir un passage, un solstice, le moment décisif où les souffles se transforment, nous ne pouvons pas compter sur notre intelligence, il faut sentir le T'Chi. Les oiseaux, par exemple, devinent avant l'aube la montée du soleil rouge, la grande énergie yang du printemps du jour. Les arbres, les cigales... tout le vivant perçoit ce mouvement, ce renversement énergétique inouï.

• C'est l'automne. Comme le paysan a pris soin d'aérer, d'alléger les mottes de terre, de raccourcir certaines branches, nous avons travaillé notre terreau intérieur en se posant une double question : que désirons-nous vraiment ? que sommes-nous prêts à sacrifier dans nos routines pour y parvenir ?

Le travail de l'automne, c'est celui de la cueillette, des bilans et de la taille. L'homme se trouve ainsi en parenté avec l'olivier dont la floraison et la fructification sont liées au vide, à la taille qui lui permettra de recevoir la lumière.

• En hiver, les travaux sont terminés. C'est le temps de l'attente et de la patience, quand l'homme se résigne à rester dans la maison. À l'extérieur, il n'y a plus grand-chose à faire : la terre ne produit plus. L'influx du ciel s'est retiré, la sève reste immobile au centre des arbres qui montrent leur beauté nue. Cette saison, par analogie, est semblable à la nuit, ainsi qu'à la période qui précède la mort. Dans ce dernier cas également, il s'agit de sortir de la vie aussi léger que l'on y est entré.

En hiver, les jeux sont faits. Il n'y a plus qu'à écrire sa lettre au père Noël, à attendre le solstice et à endormir sagement la pensée avant minuit. Si nous avons bien travaillé, si nous savons vraiment ce que nous désirons et ce que nous sommes prêts à lâcher pour l'obtenir, le ciel sera assurément au rendez-vous.

Le paquet cadeau sera ouvert au printemps.

• Le printemps, c'est le retour du ciel, de la force yang qui rentre en scène autour du 5 février. Les textes anciens évoquent les idées de projet et de pardon liées à cette période.

– Le pardon c'est une surabondance de bonheur. On est bon parce qu'on est bien. L'aspect moral est secondaire.

– Le projet, c'est essentiellement un désir de vivre, une joie de respirer pour la vie. À mesure que la saison avance, l'intention se précise, se concrétise. C'est le temps des fleurs, le fruit n'est pas encore visible.

Mais les promesses de printemps peuvent être promesses de sable. Une floraison précoce qui rencontre la neige, et les cerisiers resteront nus en été. Il en est de même pour nos désirs et nos projets.

• L'été correspond à la fructification, à la maturité du souffle. C'est le moment décisif, celui qui ne trompe pas. En ce qui concerne un arbre, il suffit de regarder un abricot, une prune, pour savoir qu'il y a eu réalisation.

Pour soi, on peut se poser la question de sa fructification en regard de ce qui a été programmé, souhaité au printemps. Parfois, on est plus à l'aise dans le projet que dans la réalisation et on émet des désirs plus grands que son être.

La tradition taoïste situe d'emblée la maturité comme une liberté et une possession de soi. C'est le moment où l'on peut rompre avec des héritages multiples qui nous ont souvent entraînés dans des séquences de répétitions-blessures.

C'est un moment de certitude sur le sens et le mode d'emploi du cadeau qui nous a été donné avec la vie.

6/ Le Temps et le Rythme

Le Temps

L'idée du temps que nous allons évoquer ici risque de bousculer les schémas habituels.

Aujourd'hui, dans la plupart des pays du monde, le nychtémère, le couple jour/nuit, est divisé en 24 heures. Les Chinois eux aussi sont passés à *Shao Shi*, « la petite heure ». Mais pendant longtemps, comme les Latins, ils ont appréhendé le mouvement solaire de 2 heures en 2 heures, ce qui donnait un ensemble de 12 heures et non de 24.

Il est possible qu'avec l'accélération des activités qui marque notre époque, on finisse par nous proposer une heure de 30 minutes... Il suffirait que cela se justifie économiquement !

Nous n'en sommes pas encore là, mais il faut bien constater que nous ne cessons de programmer la vie, de gérer le temps, de le compter avant de le vivre. L'inattendu, l'inutile ont difficilement leur place dans nos emplois du temps. Il nous faudra sans doute réinventer des écoles buissonnières, des terrains vagues, des désobéissances bénéfiques.

Le Rythme

On peut dire que dans la conception dont nous allons parler, il n'y a pas de temps !

Une seconde, c'est d'abord un battement de cœur.

À chaque seconde, le cœur vide l'ancien et absorbe le nouveau.

Derrière la répétition des secondes, le clonage du temps, il y a la transformation vraie. Le sablier a commencé à écouler notre vie dès le choc de la naissance. À la sortie du ventre de la mère, la première inspiration déplisse les alvéoles pulmonaires et ferme le trou de Botal présent dans le cœur fœtal. La symphonie Yin/Yang commence à ce moment-là, lorsque le rythme de l'enfant se singularise de celui de la mère, et elle ne prendra fin que lorsqu'il sortira de la vie.

Si nous n'entendons pas notre cœur – et c'est bien ainsi –, nous avons la conscience du « vol respiratoire », c'est-à-dire du mouvement respiratoire que les Chinois comparent à un battement d'ailes ; il est en harmonisation constante avec le vide du cœur.

Si l'on se contentait d'un ressenti imprécis, on pourrait parler d'un rythme à deux temps : inspiration et plénitude/ expiration et vide. Mais une écoute attentive révèle une partition à quatre temps. Le Yin-Yang du cœur et du souffle a, comme les saisons, des solstices, des césures.

Quand on commence à inspirer, c'est-à-dire à absorber le nouveau, on a la sensation d'une absorption inépuisable, comme la première gorgée prise à la bouteille lorsqu'on a très soif. Par analogie, cela peut correspondre à la force du printemps.

À la fin de l'inspiration, si l'on fait très attention, la tension musculaire subtile a une saveur de plénitude, de satiété ; toujours par analogie, on pense à l'énergie de l'été qui se manifeste davantage et qui est pourtant moins intense.

Enfin, on perçoit un coup d'arrêt, une césure semblable à un solstice. Ici, ce n'est plus le soleil qui s'arrête, c'est le souffle.

Le troisième temps, semblable à l'automne, c'est le début de l'expiration : on commence à vider les poumons, la poitrine se resserre. Là encore, on a la sensation d'un mouvement inépuisable.

Enfin, un mécanisme comparable à celui de la fin de l'inspir nous prévient que l'expiration va également s'arrêter, pour un autre silence respiratoire à l'intérieur duquel se déploiera une nouvelle respiration. Passage de l'hiver au printemps !

Ce temps-là, nous colle au cœur et à la peau. Il est antérieur à toute horloge et de nature différente. Un souffle, un battement de cœur, une respiration, le jour/nuit, les quatre saisons... C'est une musique qui s'amplifie et d'où jaillit, sans cesse, le mystère de l'origine.

Au fil des heures et des jours : les Di Zhi

Les quatre saisons se déploient en douze souffles, c'est-à-dire en douze mois et en douze heures.

On peut traduire *Di Zhi* par l'expression « Douze Branches », qui évoque un enracinement commun, un tronc unitaire. C'est une autre façon de concevoir que chaque moment est lié à tous les autres. Une année, une journée, c'est une symphonie et non pas une succession de morceaux isolés.

À chaque souffle se joue la compénétration du T'Chi interne et du T'Chi externe, la réunion d'une des pistes-méridiens de l'acupuncture et de l'énergie cosmique. Ceux qui expérimentent les T'Chi Gong peuvent trouver ici de multiples directions de travail : comment peut-on le ressentir ? Y a-t-il des variations au cours du mouvement saisonnier, des phases de la lune ? Cela permet-il de diagnostiquer l'éventuelle défaillance énergétique d'un organe ? Existe-t-il des procédés de T'Chi Gong capables d'assurer la défense interne, de « fermer la porte » au T'Chi externe indésirable ou excessif (notamment le froid ou l'humide) ? Etc.

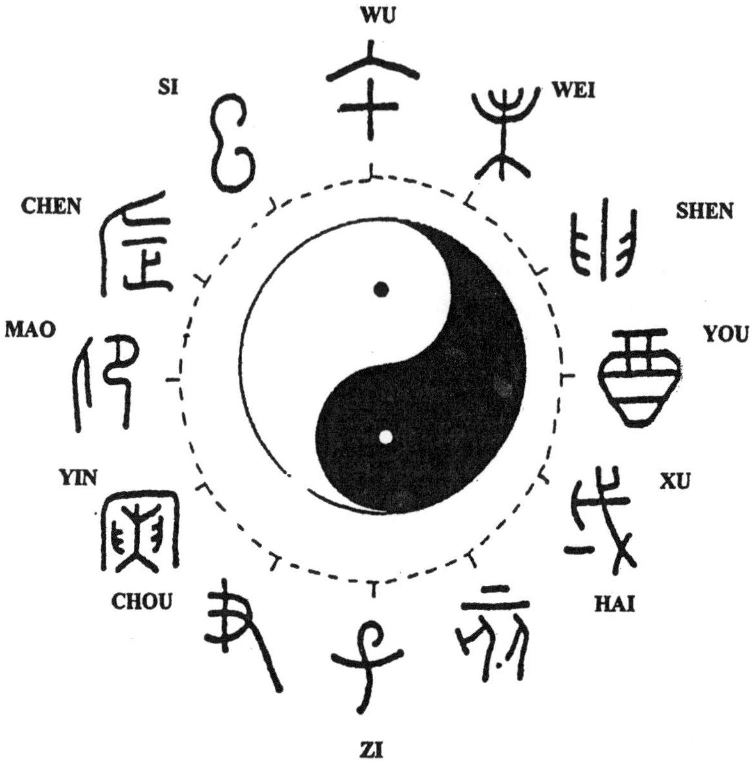

Les Di Zhi en détail

De souffle en souffle, il y a toujours le même couplage énergétique entre l'interne et l'externe. À l'intérieur de notre corps, le T'Chi accueille une énergie extérieure avec laquelle il se mélange, se réunit. Seule l'expérience aide à ressentir les variations à l'intérieur du souffle : son intensité maximum et minimum, ainsi que la saveur énergétique particulière de chacun.

Yin 

L'idéogramme ancien montre un homme en position réceptive qui franchit une porte, peut-être celle de la nuit. Ses mains pendantes évoquent un travail de T'Chi Gong où les paumes recueillent le T'Chi de la terre.

Ce souffle se joue entre 3 h et 5 h du matin, et pour ce qui concerne les mois, pendant une partie de février.

C'est le moment d'une rencontre énergétique exemplaire : celle de l'énergie interne Yin du poumon et de l'énergie externe la plus yang *(Shao Yang)*.

Nous sommes au printemps du jour.

Mao 

Un homme s'incline devant le sceau, le mystère, la beauté de la vie accordée par le ciel.

Mao Shi se déroule de 5 h à 7 h, c'est la porte du printemps, l'équinoxe du jour.

Le méridien du gros intestin arrive, à ce moment-là, à son maximum énergétique.

Chen 

Il correspond au dernier moment du printemps : la 3e heure du jour ou le 3e mois (et une partie d'avril).

C'est le *Zu Yang Ming* qui est concerné ici, c'est-à-dire le méridien de l'estomac qui va équilibrer le souffle externe.

Si 

Il correspond au premier moment de l'été du jour, et l'idéogramme évoque l'apparition d'un embryon, d'une réalisation.

Nous sommes approximativement entre 9 h et 11 h (et une partie de mai).

À la marée énergétique de la rate/pancréas correspondait, dans la Chine ancienne, le premier repas de la journée. Un travail sur le T'Chi à ce moment-là fait partie du menu et il est souhaitable de diminuer la ration alimentaire. L'état de quiétude lié au T'Chi Gong rassure l'estomac qui aura moins à compenser.

Wu 

C'est le solstice du jour comme le solstice d'été : entre 11 h et 13 h (et une partie de juin).

C'est avec le cœur et que nous allons à la rencontre de l'énergie du Zénith.

Wei 

L'idéogramme montre un végétal à double enracinement, au Ciel avec cinq branches, et à la Terre avec trois racines.

Au dernier moment de l'été (de 13 h à 15 h et une partie de juillet), nous voyons le résultat du travail accompli.

C'est la maturation des fruits qui succède à la floraison.

Shen 

De part et d'autre d'un axe, des mains pendantes et opposées ; l'idéogramme évoque les idées d'unité, de réceptivité. C'est le premier souffle de l'automne du jour, c'est la bascule énergétique (de 15 h à 17 h, et une partie d'août). *Shen* était le mois où la justice était rendue, l'époque des récoltes.

Nous sommes à l'opposé de Yin qui, lui aussi, traduisait la réceptivité et le passage. L'incitation est pourtant très différente : si Yin sollicite une ouverture énergétique, *Shen* nous invite à considérer que nous sommes au milieu du jour, comme nous sommes au milieu de notre vie, et qu'il y a urgence à faire un retour vers l'interne.

C'est au grand méridien « soleil » de la vessie que revient la tâche d'accueillir la rentrée dans le Yin.

You 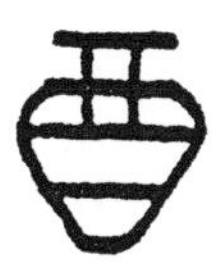

L'idéogramme évoque un vase qui recueille, qui rassemble, mais aussi les libations, la joie partagée.

De 17 h à 19 h (et une partie de septembre), nous sommes à l'équinoxe d'automne, à l'opposé de *Mao*, la porte ouverte du printemps.

C'est le moment de jeter un regard sur l'acquis de la journée, de l'évaluer, mais aussi l'occasion de lâcher le poids et la lourdeur du jour.

La piste énergétique sollicitée est le *Zu Shao Yin*, c'est-à-dire le méridien du rein. La Tradition indique que c'est à ce moment-là que se situait le second et dernier repas de la journée.

Xu 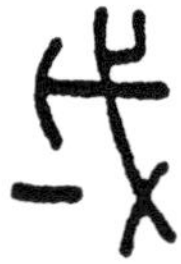

L'idéogramme évoque un instrument tranchant qui coupe, une hallebarde.

Au dernier mois d'automne, après les sentences rendues *(Shen)*, avaient lieu les exécutions. Pour nous, c'est le temps de la séparation décisive du clair et du trouble, la coupure définitive du cordon ombilical qui nous relie encore à des résidus concentrés qui blessent notre vie.

C'est ici que les choix essentiels doivent être faits et pour cela, il ne faut pas manquer de cœur ! C'est d'ailleurs le méridien du péricarde, le « messager du cœur », qui vient à la rescousse.

Hai 

Sous la présence du Ciel, l'idéogramme montre l'homme qui suit la femme portant la navette du métier à tisser, vers l'Orient.

Tous les travaux sont terminés, l'homme attend sa rétribution. C'est le temps de la retraite où le féminin, le Yin, prend la direction du vouloir. En d'autres termes, on peut dire que la lettre au Père Noël a été rédigée et qu'il appartient maintenant au Ciel de prendre les choses en main !

C'est le moment où la vie qui se prépare à rejaillir, arrive à terme.

Pour ce moment immobile, invisible, mais contenant toutes les potentialités, il faudra toute l'énergie des Trois Foyers, le *San Jiao*, terme qui évoque la conjugaison énergétique ou synergie de tous les organes essentiels du corps. Il va s'exprimer en cet instant, entre 21 h et 23 h (et une partie de novembre).

Zi 

C'est l'enfance du monde, c'est l'enfance de la vie. Il est difficile d'en parler.

Au cœur de la nuit, à minuit, comme au solstice d'hiver, le ciel se manifeste à nouveau, le soleil franchit son point le plus bas. La vie revient *(Sheng Laï)* !

C'est aussi, à la fin de l'expiration, cette subtile césure à partir de laquelle s'enracine la nouvelle inspiration.

Cet instant du souffle cosmique le plus Yin est équilibré par l'énergie la plus Yang dont nous disposons celle du *Zu Shao Yang.*

Chou 

C'est la fin de l'hiver, tout est en attente. Le cycle est reparti mais ce n'est pas encore évident. Toute l'énergie est contenue à l'intérieur.

Chou, c'est « l'heure des bourgeons » et l'idéogramme montre la main qui est encore entravée.

Pour ce qui se prépare, pour la force qui va se manifester, aussi bien dans la terre que dans notre cœur, il va falloir de la sève et du sang ; c'est le méridien du Foie qui va travailler.

Remarque : les idéogrammes de ces trois dernières Branches (*Hai*, *Zi* et *Chou*) sont remarquables dans le sens où ils expriment une intériorité maximum. C'est le moment où tout ce qui est yang arrive à son point minimum :

Hai  le ciel couvert, un comportement Yin, une femme qui prend l'initiative du mouvement.

Zi  la naissance

Chou  la main immobilisée, les potentialités qui ne se manifesteront qu'avec l'éclosion du printemps.

Les hexagrammes du *Yi King* qui correspondent à novembre, décembre et janvier présentent les mêmes particularités du climat.

Kouen, le Réceptif ䷁

Fou, le Retour ䷗

Lin, l'Approche ䷒

Au niveau de la respiration, cette phase correspond à la fin de l'expiration, au silence musculaire juste avant la reprise de l'inspiration.

7/ La Mort, « Sortir de la vie »

Le taoïsme ne bavarde pas trop au sujet de ce qui peut advenir de nous après la vie. Comment la chenille pourrait-elle avoir une vision claire du vol du papillon ? Le papillon se souvient-il de l'étape d'avant sa transformation ? Ce qui importe pour la chenille, c'est de trouver et de vivre le chemin qui est le sien jusqu'à la modification ultime.

Quant à l'immortalité, elle n'est pas envisagée comme une vie indéfinie ou la possibilité de l'après-vie, elle peut surgir dans la vie mais hors du temps ou dans une autre expérience du temps.

La mort reste la grande angoisse de la culture occidentale et la science qu'elle a développée, si efficace au niveau de l'espace, piétine au niveau du temps. Mais aujourd'hui, il n'est pas fou de penser qu'elle finira par résoudre le problème et que nous parviendrons à vivre très longtemps, que la vie pourra être indéfiniment allongée.

Cela posera quelques problèmes, et pas seulement d'ordre économique. Psychologiquement, nous continuerons probablement d'être structurés selon le temps. Nos plus grands bonheurs sont souvent liés à des expériences éphémères. Ainsi va la force de nos désirs...

L'ennui, le désarroi face à ce qui n'a pas de fin, est-il la finalité de la quête ? L'avenir en décidera.

Nietzsche a dit : « On peut mourir d'être immortel. » Cette phrase signe le glas de l'étirement quantitatif du temps que semble nous promettre la recherche scientifique.

Il arrive toujours un moment dans la vie où l'on fait les

comptes, où l'on constate que s'il y a eu des bonheurs, il y a eu aussi des brèches, des ruptures. On se souvient des répétitions, avec leurs plaisirs et leurs fêlures. On réalise alors que le temps a passé et qu'il commence à se faire tard dans notre vie.

« On le sait après, quand c'est arrivé », disait le maître Zhuang Zi. Bien avant ce moment de lucidité obligée, on aurait pu le constater chaque jour en découvrant l'altération de la peau, des ongles, des cheveux...

Et puis, que l'on soit européen ou asiatique, la dernière question se pose inéluctablement : « C'est quoi, sortir de la vie ? » À ce moment-là, apparemment, il n'y a plus de repères, plus de réponses.

Bien sûr, face à ces interrogations suscitées en partie par la peur et l'angoisse, les religions ont proposé des hypothèses, des solutions rassurantes : paradis, réincarnation... Dans tous les cas, nous sommes obligés de remarquer que les « âmes délivrées » ne font jamais un signe susceptible de nous réconforter.

Dans l'*Allégorie de la caverne*, Platon raconte que le philosophe qui est sorti de l'obscurité et a vécu la beauté et le bonheur de la lumière prend le risque de revenir dans la caverne pour informer ses frères de l'existence d'une autre réalité. Ceux qui sont sortis de la vie n'ont jamais manifesté un tel zèle. La constatation est banale, mais elle conserve toute son évidence.

Quelle est maintenant l'attitude de la voie du Tao pour ce qui ce qui concerne la mort ?

Dans un premier temps, la question semble déviée, occultée dans la mesure où nous n'avons pas à nous poser les questions auxquelles notre fonctionnement psychique ne peut trouver de réponse. Ce n'est pas forcément mal de le faire, mais c'est une perte de temps. Le T'Chi qui a été accordé au départ est limité, et il ne faut pas le gaspiller avec des interrogations insolubles.

Si la question de la mort est écartée, ce n'est pas seulement par la prise de conscience de l'insuffisance de nos outils intellectuels, c'est aussi par la certitude que la question de la vie est bien plus importante. En effet, la priorité, c'est de devenir vivant et pas seulement de se maintenir en vie. L'objectif est de découvrir la possibilité d'être réellement heureux et libre avec ce que nous possédons déjà, sans aucun besoin d'accaparer davantage.

Le cœur constitué et le cœur constant

Qu'est-ce que ça veut dire, être vivant ? Le Taoïsme fait ici une distinction qu'il présente comme essentielle : celle du « cœur constitué » et du « cœur constant ».

Ici, comme dans beaucoup de traditions, le cœur apparaît comme l'organe souverain assurant toute la maîtrise émotionnelle et affective. Ce n'est pas tant le viscère en lui-même qui est évoqué, mais bien plutôt le rythme d'ouverture et de fermeture, d'expansion et de resserrement qui le caractérise et qui, nous le verrons ultérieurement, est analogue à celui du mouvement de l'univers.

À chaque battement, l'ancien est transformé et du nouveau surgit. Notre corps, par l'intermédiaire du cœur, voire même par celui des intestins, réalise très bien ce qui est si difficile pour notre tête : évacuer les déchets. Le cœur ne peut fonctionner que s'il est vide, prêt à accueillir.

En fait, toutes les pratiques, toutes les méthodes chinoises sont d'abord et essentiellement un *Xīn Shu*, un art du cœur qui est aussi un art de l'alimentation : notre estomac mange, bien sûr, pour nous maintenir en vie. Le cœur mange pour devenir vivant, pour arrêter de mourir. La différence est appréciable, mais les conditions d'absorption sont identiques : la faim doit être réelle. Le cœur, comme l'estomac ne peut bien se nourrir que s'il est à jeun, vide.

Quelle est la nourriture du cœur et de quelle manière l'absorbe-t-il ?

À la différence de l'estomac qui reçoit des nutriments, des saveurs, le cœur se nourrit de *Jing*. Nous avons déjà vu ce terme et nous avons donné la seule transcription existant dans notre langue, celle « d'essence ».

C'est, un peu plus précisément mais avec davantage de mots, la capacité d'aller à la rencontre de ce qui n'est pas nous pour créer de l'unité. Ainsi, tous les ressentis de beauté, tous les mouvements qui nous poussent les uns vers les autres, en fraternité, sont des *Jing*. Il en est de même de ces « belles idées » qui surgissent avec la soudaineté des champignons et qui nous donnent des envies de vie.

Être vivant, c'est avoir un cœur affamé de beauté et de légèreté. Si le cœur est troublé, plein, sans appétit, même dans la situation matérielle la plus satisfaisante, dans le plus beau des séjours, on restera aveugle et sourd.

Cette nourriture est essentielle, plus importante que les aliments transformés par l'estomac. D'ailleurs, celui-ci, compense très souvent l'inappétence du cœur par des demandes excessives. Mais le poids qui apparaît dans le corps est le plus souvent d'abord dans le cœur.

Il nous reste a préciser les moyens grâce auxquels le cœur assimile. C'est essentiellement par les yeux, par le regard. En chine, les yeux sont perçus comme les « messagers du cœur ». À la différence des autres organes des sens, ils sont considérés comme des émetteurs. Cela explique, en partie, l'importance attribuée à la peinture. Le peintre ne se contente pas de reproduire le visible, mais son regard et son geste permettent de réaliser la fusion, la compénétration avec le *Jing* des rochers, des arbres, des nuages...

Un cœur vide et des yeux capables d'émettre des intentions, c'est cela être vivant.

C'est pourquoi l'entraînement aux T'Chi Gong au réveil, au printemps du jour, est si important. C'est le moment qui peut décider de la récolte de la journée. C'est le choix entre le chemin lumineux et le chemin obscur. Si l'on se lève avec le poids, les préoccupations de la veille, ou avec le cœur déjà rempli de projets à venir, il ne se passera pas grand-chose de véritablement nouveau : le cœur est déjà rassasié par du passé et de l'anticipation.

Une précision d'importance : il nous arrive à tous de percevoir de la beauté, de vivre une grande légèreté, d'éprouver des fraternités soudaines, d'avoir de « belles idées ». Mais quelle amertume aussi de l'avoir éprouvé lorsqu'on constate que cela ne fonctionne plus... Il faut donc distinguer l'expérience éphémère, voire unique, fût-elle étourdissante de joie et d'oubli de toute peur, de la vision durable. C'est uniquement cette dernière que les maîtres appellent le « cœur constant ». Elle est l'apanage de celui qui, quotidiennement, à chaque instant, a le cœur suffisamment en appétit pour sentir la parenté unissant tous les êtres.

À l'opposé du cœur vide, constant, il y a le cœur « constitué » des plénitudes reçues en héritage, des séquences émotionnelles spécifiques (peur, colère, jalousie, besoin d'être reconnu...). Les Chinois appellent *Gui (Kouei)* ou fantômes, ces agrégats émotionnels qui amènent à répéter indéfiniment les mêmes situations. La répétition est alors perçue comme une situation de mort, de fermeture.

Il y a aussi dans le « cœur constitué » toutes les empreintes de nos expériences dirigées par les *Gui*, ainsi que le poids de tous les contenus éducatifs que l'on impose à l'enfant. C'est sans doute nécessaire, mais cela l'éloigne de toute spontanéité propice au « vide » du cœur. En résumé, pour cesser de mourir, pour naître enfin et se libérer du « cœur constitué », le vieux cœur, le taoïsme propose :

– la reconnaissance des *Gui* et leur affrontement pour éviter tous les scénarios de répétition,

– l'utilisation de pratiques précises pour « dégager la porte du cœur ».

Il n'y a pas d'enfer taoïste, mais le fait de passer à côté de ce pourquoi nous sommes fait, du projet que le Ciel a programmé pour nous, risque d'être inconfortable au moment final. La discrétion taoïste sur la mort n'exclut pas des mises en garde sévères : terminer avec un cœur entravé par du passé, des réactions émotionnelles jamais élucidées, jamais résolues, et nourrissant une répétition inlassable implique une fin de vie d'une grande violence, une épreuve douloureuse.

Ici, une longue existence, voire une vie immortelle, ne changeraient pas la donne. Il peut y avoir des infarctus du cœur silencieux et invisibles. On peut être mort sans le savoir et, pourtant, en parfaite santé et avec une apparence physique gratifiante : c'est la situation d'un cœur incapable de se transformer, de se vider pour vivre du nouveau, pour se libérer. La mort peut surgir à l'intérieur du vivant. Quant à l'immortalité, elle n'est pas envisagée comme une vie indéfinie ou la possibilité d'une après-vie, mais comme la qualité d'un moment, le don d'un instant.

L'immortalité à l'intérieur de l'éphémère, un battement de cœur... « constant ».

Le Big-Bang et le Tao

L'idée du Big-Bang a des milliers d'années. Je me souviens de l'étonnement d'un scientifique de l'INSERM tenant dans ses mains la plus vieille photo de l'univers que les ordinateurs d'aujourd'hui sont capables de réaliser.

Elle montrait une forme ressemblant au symbole du *T'ai-Chi* : une différenciation énergétique en deux flux associés de manière circulaire !

Il est temps de raconter la genèse taoïste de l'univers ! Bien sûr, cela ressemble à un conte pour enfants : « ... il était une fois une unité prodigieuse, une matrice infinie que l'on appelle *Hun Dun.* »

On ne peut pas bien parler de *Hun Dun*. On imagine un champ énergétique travaillé par des myriades de transformations, de métamorphoses, d'accouchements de formes, de substances se séparant et se rapprochant sans cesse.

Là encore, la notion de rythme peut être prise en considération. Dans ces changements perpétuels tout élément individualisé participe d'une « volonté » de retour à l'unité. Cette notion de retour est capitale dans le Taoïsme. Nous aussi, les humains, nous devons faire retour à *Hun Dun*, à l'unité d'où nous provenons.

« Parvenu à l'extrême du vide
Fermement ancré dans la Quiétude
Tandis que Dix Mille Êtres d'un seul élan éclosent
Moi, je suis à contempler le Retour »

L'expression « les Dix Mille Êtres » utilisée par Lao Zi évoque la totalité des vivants en harmonisation constante. Il ne s'agit pas d'un retour à une étape antérieure, à un âge d'or. L'idée importante... et étrange pour nos concepts du temps et de l'espace, c'est que *Hun Dun* est toujours là, toujours agissant. À l'extérieur comme à l'intérieur de votre corps, tout est toujours dans le rythme primordial: séparations et réunifications ininterrompues.

La respiration sidérale est de même nature que la mienne, la vôtre.

Parmi les transformations de *Hun Dun*, il y en a une qui nous importe un peu plus: c'est l'apparition du couple Ciel/Terre.

Il est dit qu'à un moment indéfinissable, il y a eu une scission énergétique:

– le T'Chi pur et léger est monté pour former le Ciel,

– le T'Chi trouble et lourd est descendu pour être la Terre.

Dans l'entre-deux, la communication s'opère, créant à son tour métamorphose et compénétration: les souffles de la Terre s'élèvent et font les nuages, les souffles du Ciel descendent et font la pluie. Il y a un échange constant, une harmonisation constante: la pluie vient de la Terre et les nuages viennent du Ciel.

Cet entre-deux qui permet à deux réalités de se rencontrer, de fusionner, les Chinois l'appellent un médian, le vide médian. Pour eux, le fonctionnement entre Ciel et Terre est de même nature que la relation dans notre corps des poumons et des reins.

La fraîcheur des poumons fait descendre les liquides et le feu du rein fait monter les vapeurs subtiles.

Nous sommes issus de l'interaction des souffles du Ciel/Terre. Nous sommes le fruit de souffles croisés. De souffles mais aussi des *Jing* du Ciel et de la Terre. Notre vie, dans cette conception, est un poème écrit par le Ciel et la Terre. Si nous dégageons la porte de notre cœur, si nous ne brouillons pas les ondes célestes, nous pouvons l'entendre.

Et c'est le moins que nous puissions faire.

Ce poème, c'est aussi la symphonie de *Hun Dun*. Il n'y a pas de paradis perdu dans le Taoïsme: tout est toujours là. L'immortalité est à portée de main ou plutôt de cœur. Ici aussi, les papillons ne visitent pas directement les chenilles, pourtant, on peut voir parfois des papillons en attendre d'autres... pour jouer avec eux de fleur en fleur.

Troisième partie

La pratique

« C'est rêver le Taoïsme que de l'aborder en dehors des pratiques. »

8/ La pratique du T'Chi

L'expérimentation du T'Chi n'a rien de magique. Les maîtres de T'Chi Gong la présentent comme une science, une autre logique du vivant. Gardons-nous d'être présomptueux et de tout juger à partir de notre propre culture : la vie est toujours plus riche que les outils que nous possédons pour la comprendre et notre compréhension est souvent une réduction. La conception taoïste du vivant, du corps notamment, peut légitimer notre curiosité, notre intérêt.

Tous ceux qui travaillent le T'Chi Gong depuis de nombreuses années, en suivant les directives et l'enseignement traditionnels, ont un point en commun : ils ont fait le constat que nous savons peu de choses, mais que la conception du corps sur laquelle ils travaillent est aussi complexe que la logique biochimique occidentale.

Lorsqu'on constate qu'une intention mentale peut induire des mouvements énergétiques complexes dans le corps (semblables au trajet ouvert par l'aiguille d'acupuncture), qu'une main est capable de provoquer, de renforcer à distance les sensations de l'autre main, que chaque phalange peut avoir une saveur énergétique différente... on est obligé de se demander ce qu'est réellement une main et, par extension, un corps.

Peut-être faudrait-il, comme des générations de Chinois avant nous, se contenter d'éprouver le plaisir du corps vivant, sans vouloir percer les secrets ultimes de ses mécanismes ?

L'art du cœur, ou « Comment faire respirer la pensée »

Nous l'avons déjà vu, nous l'avons déjà dit : il ne s'agit pas tant d'interrompre la production mentale, de « geler la pensée », que de parvenir à une vacance qui permet à un autre type de pensées, à des idées différentes de surgir. En d'autres termes, il s'agit d'une forme de douche pour évacuer les mémoires-résidus, un travail pour aller à la rencontre du vivant.

Être propre, ici, signifie être vide, c'est-à-dire au maximum de sa réceptivité.

Ce qui a été dit, il nous faut maintenant commencer à l'expérimenter avec un premier exercice qui se nomme *San Tiao*. Cette expression peut se traduire par les « Trois Maîtrises », mais il y a aussi dans *Tiao* l'idée d'harmonisation, d'apaisement, d'ajustement.

– La première maîtrise est *Tiao Xing* qui consiste à ajuster son attitude, à rectifier le corps dans le sens de la détente. C'est ce que nous appellerons dans le paragraphe suivant la posture *Song Jing*. En chinois, *Song Jing* est l'évocation simultanée de la quiétude mentale et de l'état où le sang et l'énergie peuvent circuler librement et sans entrave.

– La seconde maîtrise est *Tiao Xi*, c'est-à-dire l'harmonisation du souffle.

– La troisième maîtrise est *Tiao Shen*. Ici, Shen renvoie à un idéogramme différent que l'on traduit le plus souvent par « esprit ». Mais cette notion est difficilement réductible au langage : c'est du lumineux, c'est de la musique, et il va de soi que le terme de maîtrise appliqué à *Shen* peut paraître inconvenant.

San Tiao : les exercices

Tiao Xing

Peu importe la position : assis, debout, couché, en appui sur les talo... ce qui compte, c'est le travail que l'on fait à partir de cette position.

Nous partirons de la position assise sur une chaise ou sur les talons. Dans tous les cas, elle doit être confortable.

La première chose à faire est de se recentrer, de se relier. Pour cela, confiez le sommet de votre tête au ciel, comme si vous étiez suspendu à un fil invisible.

Vous sentez alors un léger étirement de la colonne qui libère votre taille, le milieu de votre corps. Le mouvement doit entraîner une détente lombaire.

Cette attention au corps, à l'axe, il faut la maintenir durant toute la suite de l'exercice.

Tiao Xi

La seconde étape est une l'harmonisation du souffle.

L'attention, l'intention se dirige vers le creux du cœur, vers une petite « porte », au milieu du sternum que l'on appelle *Tanzhong**.

Tout en restant dans le ressenti de la posture, écoutez votre souffle sans le modifier, avec le respect qu'il sied à un invité ! Ce faisant, vous pouvez répéter mentalement la phrase traditionnelle pour cet enseignement : « Vider l'ancien, absorber le nouveau. »

Le plus important est de sentir vraiment comment le souffle vit bien ses transformations, comment à partir du vide juste reviennent une forme, une plénitude justes.

Le temps de l'exercice peut varier de 3 minutes au départ, jusqu'à 15 minutes quand il est maîtrisé. Il est efficace quand il nécessaire de se reconstituer.

Tiao Shen

Lors de cette troisième étape, l'intention se déplace de *Tanzhong** jusqu'à la racine du nez où se situe une autre «porte» qui se nomme *Xuan Guan** (la Porte mystérieuse). Vous allez maintenant respirer avec un accompagnement mental : à chaque inspiration, vous visualisez le T'Chi lumineux qui vient de l'infini et qui entre à l'intérieur de votre tête en passant par le *Xuan Guan** ; à chaque expiration, vous le visualisez en train de ressortir de *Xuan Guan** et de repartir vers l'infini.

«Poitrine et ventre se remplissent en totalité,
désirs et convoitises perdent alors toute force
l'œil et l'oreille sont alors clairs,
la vision et l'audition pénétrantes.»

Et : «Les cinq émotions ne peuvent plus se transformer en feu.»

Cet exercice est simple à exécuter par tous. Il est utile le matin, pour maintenir la fraîcheur de la conscience et se préparer à vivre au mieux les activités qui vous attendent. Le soir, il vous permet de poser le poids de la journée.

Les deux premières maîtrises, l'ajustement du corps et l'accompagnement du souffle auxquels on s'abandonne, vous donnent la possibilité de vous recentrer rapidement et de «gommer» un état de tension éventuel. Il ne s'agit pas d'un affaissement mais d'un lâcher prise à partir d'une force dans l'axe et à l'écoute de la respiration.

Le passage des trois portes

San Tiao peut être pratiqué chaque fois que c'est possible, chaque fois que c'est nécessaire. Il permet de se

* Consultez l'annexe 2, pour des précisions sur le repérage des points.

recentrer, de tout oublier, de « rentrer à la maison ». Il y a pourtant trois moments dans la journée où l'exercice est particulièrement utile.

San Tiao à la Porte de printemps

Nous l'avons vu, le premier souffle correspondant au printemps du jour est Yin et il dure de 3 h à 5 h du matin approximativement. Il peut paraître un peu inconvenant de se lever si tôt, de commencer sa journée en accompagnant les oiseaux... Aussi, au départ, pouvez-vous considérer le moment où vous vous réveillez habituellement comme le printemps du jour. Ensuite, si vous le décidez, vous pourrez vous lever plus tôt pour le faire en même temps que les oiseaux !

Il s'agit alors de faire perdurer les bénéfices du sommeil : il n'y a aucune raison de laisser les souvenirs de la veille ou les programmes à venir occuper la place.

L'exercice ne durerait-il que 3 secondes, il serait profitable !

Il s'agit d'apprendre à apprivoiser votre production mentale, la pensée : si vous décidez de ne pas allumer votre poste de radio, il n'y a aucune raison pour qu'il se mette en route tout seul.

San Tiao à la Porte d'automne : You Shi

L'automne *(T'Chiu)* du jour a les propriétés du mouvement saisonnier : l'opportunité de la cueillette et de la coupe. C'est aussi un moment de bilan qui engendre d'une volonté de travailler sur ce qui entrave notre projet intime, profond. C'est une bonne manière de poser le poids, la lourdeur de la journée.

You Shi, la Porte d'automne, se situe approximativement entre 17 h et 19 h. Le T'Chi externe s'enfonce dans la profondeur de la terre pour se ressourcer, le souffle interne est relié au rein, assise profonde de l'être.

Là encore, les nécessités personnelles ou professionnelles ne doivent pas être le prétexte à ne pas pratiquer. *You Shi* se réalisera après le travail, au moment où vous êtes rentré chez vous et bénéficierez d'un peu de liberté, de solitude.

Vous devez alors vous recentrer, apaiser votre corps, votre souffle et votre esprit. Vous devez remettre de l'ordre aussi bien physiquement que psychiquement. Il s'agit d'une douche mentale aussi essentielle, pour ne pas dire plus, que la toilette de la peau.

Mais, à la différence du matin, vous pouvez ouvrir un petit coin de « fenêtre » aux pensées qui ne manqueront pas de se présenter. C'est à ce moment-là que vous devrez évaluer, juger, programmer peut-être, des changements de comportement. Mais il s'agit bien d'une ouverture partielle, c'est-à-dire que vous devez vous efforcer de garder votre posture, de la ressentir.

Vous y puiserez de la force car la fuite de vos pensées sera maîtrisée par la sensation physique du centre. Dans tous les cas, elles ne s'enracineront pas avec la même intensité.

San Tiao à la Porte d'hiver

Le jardinier le sait bien : de la qualité de son travail de l'automne et de l'hiver dépendront les productions du printemps. Par analogie, on peut dire également que de la qualité du sommeil dépendra celle du réveil. C'est pour cela que l'endormissement doit être rapide et paisible. C'est le moment où il faut garder le Yang bien serré et de ne pas permettre à la pensée d'appeler mille pensées.

Dans la conception taoïste, le sommeil n'est pas seulement un ressourcement énergétique. Il s'agit du moment où ce qui est lumineux en vous peut se libérer de tous les soucis et les préoccupations ruminés dans la journée, où vous pouvez vous offrir une petite récréation dans la nuit, avec une pensée immobilisée.

Le nombre de plus en plus important de personnes qui souffrent d'insomnie, en Occident, est significatif à cet égard. On se réveille avec de la fatigue, pas envie d'y aller, pas envie de sortir pour la vie.

San Tiao peut, bien sûr, être utilisé dans ce cas. Mais, il existe de nombreux autres exercices de T'Chi Gong susceptibles de favoriser l'endormissement et la descente du T'Chi... loin de la tête.

9/ Le T'Chi interne, la circulation du T'Chi à l'intérieur du corps

La posture : *Song Jing Zhan Li Shi*

« Le ciel couvre, la terre porte,
tout ce qui descend prend sa source dans le ciel,
tout ce qui s'élève prend appui sur la terre. »

L'expression *Song Jing Zhan Li Shi* évoque la circulation énergétique et la quiétude mentale. L'emploi du « et » n'est pas pleinement satisfaisant car la posture vise un état de T'Chi Gong qui est à la fois quiétude et circulation du T'Chi dans un corps désentravé.

Song Jing est la base, le commencement de toutes les pratiques chinoises. Toutes les formes de T'ai-Chi Chuan, tous les styles de T'Chi Gong s'initient à cette posture.

On ne voit pas *Song Jing*, on la sent.

En la décrivant, on constate un fléchissement des jambes qui encourage le bassin, les lombes et le haut du corps à se détendre et à s'enraciner dans le sol. On constate également que les bras sont légèrement décollés du torse, des flancs pour une double action :

– descendre les épaules (le poids des coudes joue également un rôle important),

– « vider » l'aisselle *(Xu Ye)*, ce qui correspond à une mobilisation du bras pour le décoller légèrement du corps au niveau de l'aisselle, *Jiquan** (prononcer Ti Chuan).

La position permet de libérer des méridiens du cœur et du péricarde.

Le placement de la tête verticalise légèrement la nuque et agit sur *Dazhui**, la porte des Yang (7e vertèbre cervicale), point de croisement de toutes les pistes Yang (photo 1).

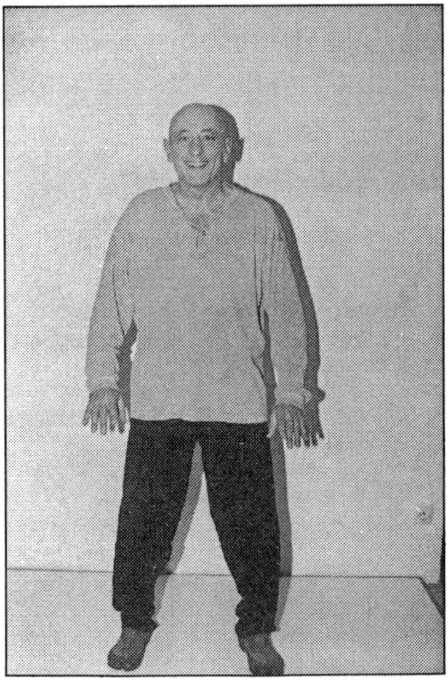

Photo 1

Voilà pour les observations et les indications essentielles. Le livre *Les T'Chi Gong thérapeutiques* réalisé par les éditions du Shandong, que j'ai adapté et présenté il y a quelques années, a donné, pour la première fois, les dix-huit indications de la posture.

Il faut les mettre en place de bas en haut et de haut en bas, sans en perdre aucune sur le chemin, ce qui représente un entraînement à part entière.

Une formule plus succincte, le *Chant des Huit*, énumère les clefs essentielles :

1/ Suspendre le *Baihui** (point au sommet de la tête).

2/ Baisser et retirer le menton en arrière.

3/ Fermer la bouche, appliquer la langue au palais, baisser les paupières, regarder au loin.

4/ Relâcher les lombes, les hanches, rentrer la poitrine.

5/ Sentir l'abaissement des épaules, laisser tomber les coudes, asseoir les mains, c'est-à-dire sortir leur base de façon à ce que celles-ci soient en position légèrement oblique vers le sol.

6/ Vider les aisselles.

7/ Rentrer le bas-ventre, rentrer l'anus.

8/ Fléchir les genoux et arrondir la partie supérieure des cuisses.

Là encore, vous devez appliquer les explications de bas en haut et les vérifier de haut en bas, ce qui favorise la montée-descente du T'Chi.

Chaque expression doit être étudiée attentivement, notamment la septième qui correspond non pas à un travail statique mais à une «charge énergétique» de la posture.

Vous pouvez procéder de cette manière pour pratiquer *Song Jing*. C'est le premier pas que les enseignants chinois, à l'aube de la pratique, proposent à leurs élèves.

Il existe néanmoins d'autres façons de l'aborder et cela vaut d'apporter quelques précisions importantes.

Il s'agit surtout d'insister sur le fait que *Song Jing*, la posture, n'est pas une position. C'est une recherche énergétique qui doit jouer dans toutes les positions, que vous soyez couché, assis, debout ou penché, que vous discutiez avec un ami dans la rue, que vous fassiez la queue à la Poste, que vous assistiez à une réunion, etc.

Peu importe votre position, même si le nom complet *Song Jing Zhan Li Gong* privilégie le travail en position debout. Le but de la posture est de libérer la circulation du T'Chi et du sang dans votre corps et de renforcer vos mains. C'est une recherche, un abandon à un croisement de souffles. Sa source la plus ancienne se trouve dans la sentence suivante:

« Le ciel couve, la terre porte,
Tout ce qui descend prend sa source dans le ciel,
tout ce qui monte prend appui sur la terre. »

L'aspect poétique accompagne une pédagogie précise qui convie à un double enracinement au Ciel et à la Terre. Tout le travail consiste à « agir sans agir » *(Wei Wou Wei)*, c'est-à-dire à « lâcher » le poids, la lourdeur dans vos semelles. Cette posture représente la charge énergétique fondamentale du T'ai-Chi Chuan et du T'Chi Gong. Si elle ne fonctionne pas bien ou pas du tout, le déplacement de vos gestes aura peu d'efficacité, quelle que soit leur qualité esthétique.

Au niveau de la pratique, l'attention est portée sur la racine céleste *Baihui**, le sommet de la tête. Vous devez avoir la sensation que tout le corps est suspendu à ce point, que toutes les tensions sont gommées et entraînent un poids qui s'écoule à travers les jambes et s'évacue par le bas du corps. L'observation du chaton saisi au cou par sa mère et qui s'alourdit vers le bas et s'abandonne donne un bon exemple de ce qu'il faut réaliser. Lorsque vous avez la sensation que vos pieds collent au sol, vous êtes près de la réussite.

Une action s'effectue alors sur *Yongguan**, la Porte des reins, située au milieu de la plante des pieds. Si cette sensation de pesanteur dans les pieds est absente, c'est que le poids à évacuer est bloqué au niveau de la ceinture.

Cette posture déclenche un mouvement simultané du haut vers le bas et du bas vers le haut, qui vient nourrir les bras et les mains. Si elle ne fonctionne pas, le T'ai-Chi Chuan et le T'Chi Gong ne produisent pas beaucoup de T'Chi et les résultats sont longs à obtenir. Les Chinois disent : « On remplit un puits avec de la neige. »

Cela revient à dire que *Song Jing* suffit à transformer l'aspect gymnastique du T'ai-Chi Chuan en vrai travail énergétique.

Comment procéder? Votre professeur vous l'a expliqué, mais il est toujours bon de le rappeler!

Lorsque la forme a été mémorisée et qu'elle se joue toute seule, comme la «harpe magique» de l'empereur qu'il ne fallait surtout pas toucher ou manipuler, elle doit se déployer dans la rythmique du souffle. Il s'agit de «passer la main» au souffle qui prendra la direction de votre mouvement *(Wei Wu Wei)*.

L'expiration incite et nourrit les mouvements d'extension, l'inspiration les mouvements de retour et de recentrage. C'est dans l'inspir que la posture charge le corps et c'est dans l'expir que le T'Chi parvient aux mains.

L'étape suivante consiste à atteindre le même objectif pour la séquence entière. Pour cela, vous aurez besoin d'ouvrir certaines portes énergétiques et d'employer certaines techniques capables d'intensifier les cinq sensations des mains.

Pour ce que nous avons vu jusqu'à présent et avant de continuer, il est souhaitable de tester les résultats obtenus.

L'exercice que je vais vous proposer implique une ouverture des *Laogong** ou, au minimum, une bonne sensibilité des mains. Vous n'avez pas encore travaillé sur le point «feu» de vos paumes, mais vous pourrez toujours revenir sur l'exercice de test après le travail de développement de la potentialité des mains.

Cet exercice consiste à varier le fléchissement des jambes: dans la position debout, vos bras sont étendus devant le corps, écartés d'une distance un peu plus large que celle des épaules, les paumes tournées vers le ciel. Il vous suffit d'augmenter progressivement le fléchissement des jambes en maintenant la position debout.

Si cette position fonctionne, la charge des mains va augmenter et une pression va apparaître puis s'intensifier au centre de la main. En fait, elle varie selon que vous fléchissez ou montez. Vous éprouvez la sensation de tenir un bol d'eau dans chaque main, qui se remplit et se vide dans le mouvement. Lorsque vous descendez, veillez à bien appliquer la posture c'est-à-dire à maintenir l'allongement de la colonne suspendue au *Baihui** et la détente lombaire (photo 2).

Photo 2

Il est toujours utile de comprendre ce que l'on fait. Quel est le sens du fléchissement des jambes dans les pratiques ? Il est double :

– du point de vue strictement physique, les jambes fléchies comme des arcs permettent une bonne installation des reins et de la détente lombaire, tandis que les jambes raides favorisent la cambrure et la séparation du corps en deux ;

– du point de vue énergétique, le mécanisme est simple, encore fallait-il le trouver : toute contraction musculaire emprisonne et immobilise le T'Chi ; à l'opposé, toute détente le libère et facilite le mouvement. C'est ainsi que dans le T'ai-Chi Chuan, le jeu du plein-vide, l'alternance des tensions-détentes des jambes, permettent de propulser le T'Chi dans la jambe vide et dans le haut du corps. Le fléchissement idéal du T'ai-Chi Chuan est de 30°. Dans certains T'Chi Gong, ceux de Shaolin en particulier, ce fléchissement est beaucoup plus important, à la limite du supportable, mais il permet d'arroser davantage la partie supérieure du corps et d'intensifier le drainage du T'Chi dans les mains.

Le travail des mains

« Amenez le T'Chi dans les mains ! »

Lorsque les maîtres de T'ai-Chi Chuan énoncent cette petite phrase, beaucoup de pratiquants qui débutent se demandent comment la réaliser. À ce moment précis, juste avant de commencer la forme (l'ensemble des mouvements), il n'y a strictement rien à faire, sinon inciter le T'Chi à venir respirer dans la main. Si cela ne marche pas, la forme sera anémique du point de vue énergétique !

En fait, la réussite dépend d'un travail important, antérieur à l'entraînement proprement dit du T'ai-Chi Chuan. Ce travail est double, ou rassemble deux types de méthodes : d'une part des exercices de sensibilisation des mains et d'ouverture des portes énergétiques, d'autre part ce qu'on appelle *Tao Yin*, la capacité de conduire le T'Chi dans le corps par l'intention. Nous y reviendrons car cela est essentiel.

Pour l'instant, restons sur la main. Même si le T'Chi peut être sensibilisé sur la totalité de la peau, la main reste une localisation importante à cet égard. J'ai vu des maîtres de T'Chi Gong émettre par les pieds, le dos, etc., mais c'est la main qui reste l'outil le plus utilisé.

Dans la culture occidentale, la main est aussi importante que dans la culture chinoise ! Elle signe la spécificité de l'homme dans la mesure où il est le seul du règne animal à utiliser cet outil qui possède un pouce opposable aux autres doigts. Aristote insistait déjà sur le développement simultané de la main et de la pensée, qui caractérise l'espèce humaine.

Dans la logique chinoise, les mains totalisent l'ensemble de la circulation énergétique du corps et toutes les pistes-méridiens se compénètrent aux dernières phalanges, là où le T'Chi interne accueille le T'Chi externe. Le maître de T'ai-Chi Chuan, Cheng Man Ching, parlait de « la main de la belle dame ».

En fait, il faut retrouver la main de l'enfant que nous avons été. Cela justifie parfois un long travail car l'histoire personnelle, la dureté d'un cœur fermé, les perturbations émotionnelles se projettent souvent dans les mains qui, elles aussi, ont de la mémoire.

Au départ, les doigts sont souvent trop tendus, et le pouce et l'auriculaire ont quelques difficultés à collaborer avec les autres doigts. Le pouce trop écarté bloque le *Yuji** (prononcer You Ti) qui est un point important de l'émission de la main au milieu de l'os courbe. C'est sans doute lui qui permet de régler le T'Chi, de le distribuer dans les autres doigts.

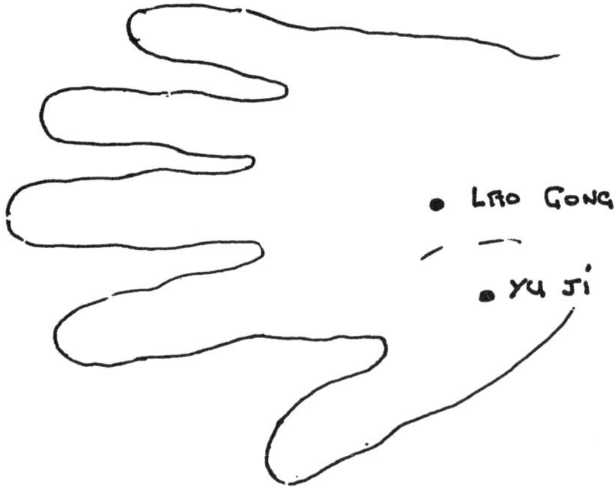

La main du bébé est une bonne référence. Le premier travail que vous pouvez effectuer, c'est d'observer la gestuelle des bras et des mains des tout-petits. Les doigts sont fléchis et l'index légèrement surélevé comme s'il ne voulait pas gêner la relation du pouce et du majeur. Les doigts ne se touchent pas, sans pour cela être trop écartés. Le pouce et le petit doigt font partie de l'« attelage », une image empruntée à l'art équestre, qui indique de ramener doucement ces deux doigts vers les autres car ils ont tendance à s'en écarter.

La texture de la peau est également à prendre en considération : le bébé et le pratiquant de T'Chi Gong ont un point commun à ce niveau : la paume montre un contraste serré de points rouges et blancs ; en fait il s'agit de petites taches. Le blanc correspond au T'Chi, le rouge au sang. On dit alors qu'il y a harmonie entre le T'Chi et le sang, et une bonne conservation de la chaleur dans les mains.

À l'opposé, si tous les doigts sont rouges et la paume blanche, le sang est bien présent mais mal harmonisé avec le T'Chi. Ce cas correspond souvent aux mains froides, ce qui peut renvoyer à des anomalies du foyer médian : foie/rate. En ce sens, l'observation de la main permet d'établir un petit diagnostic sur la circulation énergétique et la carence de certains organes.

La sensibilisation des mains

Je vous propose quelques exercices traditionnels de préparation des mains qui sont le solfège de tous les T'Chi Gong. Ils sont faciles à exécuter. Il est possible que, dès la première séance, vous ayez des sensations nouvelles, voire agréables. Si vous pratiquez régulièrement ces exercices, les sensations s'affineront, augmenteront et vous pourrez alors envisager des utilisations spécifiques.

Pour de meilleurs résultats, vous ne devez pas être tendu en les pratiquant: « Travailler avec bonne volonté mais sans volonté aucune », entend-on souvent au cours de l'enseignement des T'Chi Gong. Dans tous les cas, vous devez avoir confiance dans l'efficacité de l'exercice.

Commençons le voyage!

La première étape consiste à geler le mental, à faire « pousser de l'herbe » dans votre tête, c'est-à-dire à immobiliser et à chasser les pensées vagabondes. Il s'agit bien sûr de rentrer dans la quiétude. La méthode la plus simple, c'est la posture *Song Jing* (voir pages 87 et suivantes). Vous pouvez l'aborder comme une sorte de douche mentale.

Sentir le T'Chi

Lorsque vous avez tout oublié, que vous êtes dans la quiétude, très disponible aux sensations, placez vos mains devant le corps comme si vous teniez entre elles un ballon de 10 centimètres. Vos paumes sont face à face.

Mettez de la douceur dans vos mains. De cette douceur, de cette détente qui ne devront jamais varier dépendent l'efficacité des visualisations que vous allez utiliser dans l'exercice. Ce que vous pourrez sentir dans la main servira de référence pour les autres parties du corps qui sont encore dans la nuit sensorielle.

Sachez que les résultats de l'exercice dépendent de votre capacité à jouer sérieusement. Enfant, vous saviez très bien le faire quand vous croyiez qu'il pouvait y avoir un crocodile sous la table ou un monstre sous votre lit!

Il s'agit ici de solliciter le T'Chi pour qu'il vienne à la surface de la peau des mains, en lui suggérant des tâches progressives. La visualisation aura aussi l'avantage de continuer à fixer votre mental en l'empêchant d'investir le passé et l'avenir.

Alors, jouons!

1er JEU :

visualisez entre vos deux mains, pendant 2 ou 3 minutes, un ballon léger, semblable à celui que les enfants lâchent dans le ciel. Ce ballon va se gonfler lentement, doucement, sans à-coup, et repousser vos mains jusqu'à un écart de 50 centimètres, puis il va diminuer de la même manière jusqu'à la distance initiale de 10 centimètres. Les mains « suivent » en collant au ballon, avec la sensation d'être repoussées puis aspirées. Vous pouvez utiliser en même temps la séquence respiratoire (p. 116). À vous de déterminer le temps du jeu (photos 3 et 4).

2e JEU :

ajoutez à votre visualisation des ballons extérieurs, plaqués contre le dos de vos mains. Lorsque celles-ci s'écartent, ces ballons extérieurs empêchent, freinent le mouvement. Et lorsque vos mains se resserrent, elles retrouvent la résistance du ballon intérieur. Le but de l'exercice est de renforcer le T'Chi sur le dos de la main.

3e JEU :

lâchez les ballons extérieurs. Le ballon intérieur se transforme en boule d'acier. Le mouvement reste identique, mais l'intention mentale est différente. Lorsque les mains se rapprochent, vous ressentez qu'elles compriment cette boule d'acier qui résiste avec une « force de 10 000 kilos » et lorsqu'elles s'écartent, vous ressentez la boule d'acier qui les repousse avec une force de 10 000 kilos.

Attention ! Vos bras et vos mains doivent toujours garder la même détente.

Une conclusion de l'exercice est conseillée : posez vos mains l'une sur l'autre et laissez-les ainsi, sur le nombril, durant 1 minute.

Photo 3

Photo 4

Ces indications ne sont que des hameçons. Il vous appartient d'attraper le poisson en respectant votre rendez-vous quotidien avec l'exercice. Si vous arrivez à « ouvrir » vos mains, l'exercice va devenir vraiment intéressant et profitable. Et n'oubliez pas que tout ceci n'est qu'un jeu pour les enfants !

Sachez aussi que vous devez être vigilant car le T'Chi peut se manifester dans des parties du corps qui ne sont pas prévues, par des sensations qui vous sont particulières. J'ai l'habitude de dire qu'un entraînement permet toujours d'accéder à quelque chose de nouveau. Il ne s'agit pas de le craindre mais d'éprouver du plaisir en découvrant de mieux en mieux le mode d'emploi du corps vivant.

Ceux qui commencent et n'ont jamais pratiqué doivent répéter ces exercices durant plusieurs semaines (un mois au minimum) tous les jours.

Je vous ai proposé des tests pour évaluer vos résultats sur la posture. Nous allons maintenant faire la même chose pour les mains.

1er TEST :

la paume de la main gauche orientée vers le sol descend lentement, poussant un ballon léger vers le bas (photo 5). Vous décidez qu'à un moment précis le ballon pénètre dans l'eau, avec la sensation d'une résistance. La réponse du T'Chi doit être immédiate : picotements, impression de froid ou douleur en cas de blocage ; sensation de pulsation ou chaleur s'il n'y en a pas. Faites ensuite le même test avec la main droite.

2e TEST :

les mains réunies devant la poitrine portent un bol. Vous le remplissez mentalement de liquide. Vos mains doivent suivre cette augmentation virtuelle du poids du bol (photo 6).

Photo 5

Photo 6

3e TEST :

les frappes à distance. Une main est ouverte, paume vers le ciel. L'autre se lève en fermant le poing et celui-ci descend comme pour frapper la main ouverte. Dans le mouvement, le poing s'ouvre et la main se trouve à quelques centimètres de la main réceptrice. Il faut faire l'exercice avec les deux mains. Le résultat envisagé est un déplacement du T'Chi à l'intérieur de la main qui reçoit (photos 7 et 8).

Attention! Ne serrez pas trop le poing. On parle de « poing vide » pour évoquer sa détente. Les doigts fléchis, rapprochés, le pouce posé au-dessus évoquent une réserve de T'Chi et non une intention agressive. Il est inutile de faire un geste trop rapide. La main doit s'ouvrir juste avant l'impact... qui ne se produit pas.

Ces exercices doivent être pratiqués régulièrement pendant plusieurs mois.

L'ouverture des **Laogong**

Le *Laogong**, c'est le cœur dans la main : au centre de la paume, il rayonne à la fois vers les phalanges et les bras. Les exercices sur la main que vous avez sérieusement travaillés ont dû changer leur texture. Le T'Chi et le sang y collaborent davantage pour donner une alternance de taches rouges et blanches plus serrées. Les exercices que nous allons expérimenter au cours de cette deuxième étape ont pour but d'ouvrir le *Laogong** et d'accentuer les sensations sur cette zone. Vous pourrez alors remarquer, au centre de la paume, la formation d'un petit carré constitué lui aussi de taches blanches et rouges, mais plus accentuées. Cela signe un premier niveau d'ouverture de *Laogong**.

Photo 7

Photo 8

Pour atteindre cet objectif, je vous propose deux exercices appartenant à deux familles de T'Chi Gong différentes. Le premier, d'influence taoïste, appartient au *Wu Dan*, le second, d'influence bouddhiste, au *Yi Zhi Shaolin T'Chi Gong* (le Doigt unique de Shaolin). Choisissez celui qui vous convient le mieux.

1er EXERCICE :

Il est facile à exécuter et peut être conseillé à des débutants.

La position de départ est celle du cavalier : les pieds parallèles, écartés d'une distance égale à celle des épaules. Le travail de la posture consiste à chasser les pensées vagabondes.

Vos bras tendus se placent devant la poitrine, les paumes vers l'avant (photo 9). Visualisez une boule brillante dans chaque paume. Quand vous inspirez, vos deux mains prennent la forme de la « patte du tigre » et reviennent près de la poitrine (photo 10). Dans le même temps, visualisez des perles qui tombent dans le ventre *(Tan Tien*)*. Sur l'expiration, repoussez les deux mains en avant (photo 9), doigts contractés, paumes arquées en arrière.

En même temps, projetez mentalement ces boules-perles collées au *Laogong** jusqu'à l'horizon. Il faut procéder ainsi 36 fois de suite.

Immédiatement après, vos mains espacées de 20 centimètres viennent s'opposer devant le ventre dans la forme du « porter de ballon ».

Compréhension de l'exercice : la double contraction des mains bloque le T'Chi, le sang et les liquides organiques dans la main et au niveau du poignet interne, et elle ouvre les *Laogong**. C'est dans la détente, lorsque vos mains seront face à face, que le T'Chi et le sang libérés vous procureront les sensations souhaitées : chaleur, battement, sensation de petit pouls à l'intérieur de la main...

Photo 9

Photo 10

2e EXERCICE :

Il est emprunté au « Doigt unique » de Shaolin *(Yi Zhi Shaolin)*.

Il s'agit d'un exercice de pieu, c'est-à-dire d'une position immobile qu'il faut garder. Il peut être pratiqué en position debout ou assise. Dans ce cas, ne vous adossez pas à la chaise et croisez vos jambes au niveau des chevilles. Dans les deux cas, il faut « faire jouer », prendre la posture (voir p. 87). Le coude droit fléchi ramène la main devant le visage, la paume orientée vers la gauche, le pouce face à la pointe du nez, les quatre autres doigts vers le ciel (pied de nez). Dans le même temps, la main gauche, ses cinq doigts relâchés, vient placer le *Laogong** gauche au-dessous du coude droit (photo 11).

Photo 11

Ouvrez les yeux et regardez devant vous, rentrez un peu la poitrine et arrondissez le dos. Au moins 20 minutes après, intervertissez la position des mains.

La difficulté possible se situe au niveau des épaules. Je vous conseille de bien appliquer tous les principes qui concernent la posture.

Remarque : Cette posture est importante pour nourrir et exercer le T'Chi. En quelques minutes, vous aurez des sensations bien perceptibles dans la paume de la main. À la longue elle peut ouvrir les *Laogong** et drainer l'ensemble des méridiens. Elle jette ainsi une base pour l'émission de T'Chi. Vous pouvez procéder par étapes, en tenant la position d'abord 5 minutes de chaque côté, puis en augmentant chaque jour. L'exercice doit être pratiqué pendant un mois. On estime alors qu'il est intégré, que les résultats sont fiables et permanents.

Une variante, pour les vétérans : le même exercice se fait en position debout. Il faut avoir des genoux « sans histoire », sans problème. Les jambes sont nettement fléchies et le placement des pieds est particulier.

Regardez attentivement la photo 12 : le talon du pied gauche se trouve sous la cheville du pied droit, la pointe orientée vers la gauche. Pour ce qui concerne les mains, les doigts ne dépassent pas le nez et la main se trouve à 10 centimètres du visage. Remarquez que la position est davantage fléchie : les genoux dépassent la pointe des pieds.

Très important ! Cet exercice appartient à la famille des T'Chi Gong exclusifs ou inconditionnels, ce qui signifie qu'il sollicite une circulation spécifique du T'Chi incompatible avec les autres T'Chi Gong. Veillez à ne pas les mélanger dans la pratique et à choisir l'un des deux que vous pratiquerez seul.

Photo 12

Il existe des utilisations possibles à partir de ces exercices. Vous pouvez utiliser *Laogong** pour drainer le T'Chi dans les méridiens et pour ouvrir d'autres portes. Par exemple, en longeant les méridiens Yang du bras, vous pouvez déplacer lentement la main droite depuis le coude jusqu'à la main gauche pour entraîner la chaleur (photos 13 et 14).

Vous pouvez aussi vous arrêter sur une articulation ou sur un point et, la main à 10 centimètres, y envoyer du T'Chi. Par exemple sur le point *Hegu**, souvent utilisé par les acupuncteurs, qui se situe entre le pouce et l'index.

Le *Tao Yin* et la «récolte»

Grâce aux exercices précédents, vous avez sensibilisé vos mains et le T'Chi devrait y être plus perceptible lorsque vous le sollicitez.

Photo 13

Photo 14

Pour ce qui concerne les mains, on évoque « cinq sensations », mais celles-ci peuvent énormément varier d'une personne à l'autre, d'un moment à l'autre et d'un exercice à l'autre. Cela peut être un picotement, de la chaleur, un gonflement, la sensation d'un pouls à l'intérieur de la main, un engourdissement, un durcissement, etc. Toutes ces manifestations dénotent une accélération du T'Chi dans vos paumes. Les picotements traduisent souvent une action du T'Chi essayant de forcer des stases sanguines – arrêts ou les ralentissements de la circulation. La sensation de respiration dans la main est très bon signe.

Le Tao Yin

Le *Tao Yin*, nous l'avons déjà dit, est une possibilité de déplacer le T'Chi dans le corps, le long des méridiens. Cela implique que le mental ait appris à montrer « patte blanche », c'est-à-dire à se faire accepter, à diminuer ses prétention à tout régir, pour que le corps, le T'Chi se sentent en confiance. C'est pour cela que nous utilisons le terme d'intention *(Yi)* et non de pensée *(Si)*. Ce *Yi* évoque une action antérieure à la conscience et à la pensée, une réponse du T'Chi à une invitation qui est de l'ordre de la vibration musicale.

Accéder au *Tao Yin*, c'est retrouver le mode d'emploi d'une capacité occultée par le développement de la pensée cérébrale et du langage. Beaucoup de T'Chi Gong n'ont d'autre but que de développer et de faire fonctionner cette capacité. Lorsque vous utilisez, comme précédemment, le *Laogong** d'une main pour activer le T'Chi le long d'un méridien ou dans une partie du corps, vous vous préparez au *Tao Yin*, mais vous ne l'utilisez pas encore directement. Par contre si, mentalement, vous suivez le méridien en provoquant un déplacement de sensations, cela signifie que le *Tao Yin* est devenu efficient. Vous pouvez alors convier le T'Chi à circuler uniquement par l'intention.

Voici un exercice de préparation, un *Gong Fa*, qui joue également un rôle dans la formation et l'émission du T'Chi. Il vous permettra en plus d'évaluer les résultats de votre travail sur la sensibilisation des mains et l'ouverture des *Laogong**.

Reprenez la posture de base, celle du cavalier, mais si vous éprouvez quelques difficultés à maintenir la position debout vous pouvez tout aussi bien vous asseoir sur une chaise.

Ouverture : mise en place de la posture « Le ciel couve, la terre porte », pour chasser les pensées vagabondes et entrer dans la quiétude. Vos mains sont opposées devant le ventre, c'est-à-dire face à face, écartées de 40 à 50 centimètres. Votre attention se place au centre du ballon, au milieu des deux mains. Attendez 2 à 3 minutes que la sensation du ballon se crée entre vos paumes.

Exercice : conviez la main droite à émettre du T'Chi sur la main gauche. Le changement de sensation doit être quasi immédiat.

Vous devez placer l'intention dans la main réceptrice sans trop porter attention à la main droite. Si tout se passe bien, vous pourrez sentir des petits mouvements sur le *Laogong**, un déplacement du T'Chi dans la paume gauche, une sensation de plénitude.

Il n'y a que deux possibilités de circulation et il faudra bien écouter vos sensations pour savoir laquelle est la bonne :

– le T'Chi reste dans la paume gauche, remonte par l'intérieur du bras, traverse la poitrine et revient dans la main droite,

– le T'Chi traverse la paume, irradie le dos de la main, remonte par l'extérieur du bras, passe par le dos et fait retour par l'extérieur du bras droit jusqu'à la main émettrice.

Dans chacun des cas, la réaction est différente.

Vous avez là un double travail : trouver la réaction qui correspond à la circulation naturelle du T'Chi, puis la localisation et la saveur des réactions terminales qui manifestent le retour du T'Chi sur la main émettrice.

Si vous avez le temps, et cela serait souhaitable, procédez de la même manière en inversant le sens de l'émission. Cette fois, c'est la main gauche qui émet sur la main droite.

Fermeture : si vraiment, vous n'avez pas le temps, replacez vos mains face à face, devant le ventre, comme dans la position préliminaire : les sensations gauche/droite s'égaliseront très vite.

La « récolte »

Comme ce nom l'indique, il s'agit de toucher le bénéfice escompté grâce au travail réalisé. Je vous rappelle l'un des principes de base : toute tension, toute contraction bloque le T'Chi, et toute détente le libère.

En fait, les exercices ont permis d'amplifier et de régulariser un phénomène naturel : le rythme vital qui ressemble à un battement de cœur en deux temps, diastole-systole. Le temps de détente est celui où nous pouvons ressentir la vie énergétique du corps, le mouvement du T'Chi. Le corps peut mettre du temps à s'ouvrir, mais ensuite le résultat est acquis.

Votre corps est comme un enfant que les événements de sa vie ont refermé sur lui-même : aucune volonté forte, aucun ordre ne peut le faire obéir ; il y faut beaucoup de douceur et de patience.

On pourrait dire que toute tension, tout effort soutenu sont capables d'engendrer ces « récoltes ». On peut le ressentir après n'importe quel effort, à condition de se poser, de se détendre, en prenant au moins une vingtaine de minutes pour jouir de ces sensations. C'est souvent cette conclusion qui manque dans la pratique des sports ou des activités musculaires. Il est vrai que l'objectif des T'Chi Gong se situe ailleurs : dans un plaisir différent de celui de la compétition et des techniques de dépassement, qui profite beaucoup mieux de l'observation du ressenti, de la conscience ce qui se passe.

Mais si vous nagez longtemps, si vous sciez du bois, si vous utilisez la débroussailleuse à fil... quels bons exercices pour ressentir cette « récolte », car c'est sur la détente que le T'Chi se libère et qu'on peut sentir son action.

Il suffit de laisser vos mains se détendre après leur avoir imposé un effort, puis d'explorer les vibrations, les sensations qui les habitent.

Revenons en détail sur la pratique.

Pour relâcher les tensions des épaules et des bras, et libérer le T'Chi, vous pouvez balancer les bras à gauche et à droite grâce à une rotation de votre bassin, puis secouer les mains à partir du poignet et, enfin, serrer fort et détendre les poings une vingtaine de fois successivement.

Vous pouvez aussi masser vos mains et presser l'extrémité des doigts. D'autres exercices à votre convenance peuvent aussi bien faire l'affaire. Dans tous les cas, il s'agit de se préparer en agissant sur le sang et l'énergie, en sensibilisant les mains.

À partir de là, vous pouvez commencer la pratique du *Tao Yin*.

Comment procéder ?

Prenez vos mains comme zone de référence. Vous allez déplacer l'intention uniquement par la pensée. Il y a deux voyages possibles qu'on peur faire successivement :

– *le voyage de proximité :* il s'agit d'apparenter des

zones proches, voisines et d'utiliser l'intention comme force de propagation. Si vous écoutez bien les sensations de votre main (chaleur, vibration...), vous constaterez qu'elles se déplacent dans le poignet, l'avant-bras, le coude, le bras... Avec un peu de pratique et de persévérance, vous pourrez ensuite propager la vague dans la totalité du corps. Ne vous demandez pas comment cela marche. L'important, c'est de le sentir effectivement. C'est ainsi que partant de la zone la « plus vivante » du corps, vous étendez les sensations à toutes les autres parties ;

– *le voyage à distance :* dans un deuxième temps vous pouvez vous entraîner au *Tao Yin* à distance. Partant toujours des mains et des sensations qui les ont investies après votre échauffement, vous vous donnez comme objectif de faire surgir celles-ci directement dans les pieds. Pour cela, rien de très compliqué : vous vous « installez » simultanément dans les mains et les pieds, vous couplez les quatre extrémités. Là encore, avec un peu de pratique, vous aurez la surprise de percevoir la chaleur des mains qui surgit dans les pieds. L'objectif le plus important est de pouvoir provoquer le phénomène à volonté.

Le même travail peut se faire au niveau des douze grandes articulations. C'est le même principe : investissez une articulation et établissez un rendez-vous avec l'autre jusqu'à ce que la sensation y apparaisse. Si des mains chaudes, vivantes, peuvent transmettre du T'Chi aux pieds par l'intention, vous pourrez de la même façon associer poignets et chevilles, coudes et genoux, épaules et hanches.

L'efficacité du *Tao Yin* est intéressante en soi pour provoquer une circulation du T'Chi dans la totalité du corps. Un travail plus spécifique, mais essentiel, pourrait porter sur le drainage des méridiens par le *Tao Yin*. Vous pouvez faire ainsi, trois fois de suite, cette circulation dirigée.

Pour « fermer », c'est-à-dire pour terminer l'exercice, vous pouvez pincer trois fois vos grands ligaments de la nuque et vous concentrer pendant 5 minutes avec les yeux fermés.

Au point où nous en sommes, il y a trois grandes utilisations du *Tao Yin* :

– la première consiste à étendre le réveil de la conscience du T'Chi,

– la deuxième peut permettre de dissoudre une douleur, en fonction du potentiel du pratiquant,

– la troisième, nous le verrons ultérieurement, permet de chasser le T'Chi pervers du corps, par exemple le froid.

Il y a sans doute à découvrir bien d'autres propriétés de cette étonnante capacité d'alliance entre le corps et le mental. Par exemple, pour quoi ne pas nous aventurer dans une autre direction : utiliser le *Tao Yin* pour ressentir les circulations jumelées de deux ou plusieurs personnes ? Le procédé est utilisé dans le « tirage du T'Chi » que nous évoquerons dans le chapitre sur les « Liaisons directes ».

La régulation du T'Chi interne

Cette partie rassemble des méthodes de T'Chi Gong qui permettent d'évacuer le « T'Chi malsain » *(Xue T'Chi)* et de puiser au T'Chi externe, ce qui implique la capacité d'absorber, de se renforcer avec l'énergie qui nous entoure.

La pratique du T'Chi Gong, à un certain niveau de l'entraînement, procure une auto-immunité vis-à-vis des agressions externes, notamment le froid – plus de grippe ni de rhume. Le corps fonctionne comme la terre qui, en hiver, peut accueillir le froid et l'assimiler, pour l'utiliser à ses productions, à ses maturations futures.

Le plus souvent, c'est le contraire qui se passe. Une saison intempestive, soit en excès soit en avance, fait surgir les pathologies comme des champignons. C'est à ce moment-là qu'on entend à la radio les messages invitant à se faire vacciner conter la grippe !

Apprendre à se compléter, à se nourrir du T'Chi externe est important pour tous, aussi bien pour les pratiquants de T'ai-Chi Chuan et de T'Chi Gong qui s'entraînent à des fins personnelles, que pour ceux qui utilisent le T'Chi à des fins thérapeutiques, pour eux-mêmes ou pour les autres.

En effet, ceux-ci doivent apprendre à se recharger car un soin de 30 minutes avec émission de T'Chi est toujours un peu « coûteux » en énergie. C'est pour cela que les maîtres de T'Chi Gong économisent celle-ci en utilisant le massage qui nécessite une moindre émission de T'Chi. Dans ce cas de figure, il faut savoir qu'il ne s'agit pas seulement de se compléter, mais aussi de chasser le T'Chi pervers, surtout celui du froid, qui peut passer d'un corps à l'autre pendant le traitement.

Un travail aux frontières

Les méthodes pour se « compléter » se réalisent souvent aux frontières du corps, au niveau de la peau et des extrémités, dans ce que les Chinois appellent le *couli*, c'est-à-dire ce qui se passe dans les textures de superficie.

Dans l'ensemble des exercices qui suivent, certains pourront être mis en application par des personnes qui n'ont jamais pratiqué les démarches énergétiques chinoises.

Par commodité, nous allons dissocier le T'ai-Chi Chuan et le T'Chi Gong, mais il va de soi qu'ils appartiennent à la même famille et que l'efficacité du T'ai-Chi Chuan est liée à un travail pointu du T'Chi, donc du T'Chi Gong.

Pour ceux qui pratiquent le T'ai-Chi Chuan

Comment se compléter, se nourrir du T'Chi externe grâce à la forme du T'ai-Chi Chuan, quel que soit le style auquel il appartient? Il va de soi que le processus d'absorption/émission doit être simultané, car il s'agit d'équilibrer le processus plutôt que de privilégier un de ses aspects.

La méthode la plus simple consiste à dérouler la forme en focalisant votre intention sur la peau et vous efforçant de ressentir le contact de l'air qui vous environne, son impact sur vos bras, votre dos, votre ventre... avec toutes les fluctuations sensorielles liées aux transformations incessantes de la gestuelle. La concentration doit rester aux frontières, inonder votre peau et lâcher prise sur la circulation du T'Chi dans les méridiens (ce qu'on appelle les «indications internes»).

L'efficacité du déplacement de l'intérieur vers l'extérieur est ici encore affaire de *Tao Yin*. Il y a une façon de préparer, de renforcer ce travail par l'intégration du jeu respiratoire: chaque respiration sert à diriger le T'Chi à l'intérieur du corps (ici sous la forme de l'air absorbé).

On inspire pour remplir le corps qu'on peut percevoir comme un vide encerclé par une enveloppe de peau; on expire en soufflant à travers la peau vers l'extérieur. L'air qui se faufile à travers les pores est légèrement freiné par le tissu cutané.

On s'efforce de percevoir la respiration de la peau en intensifiant le processus. Il faut commencer l'exercice en position immobile: couché, assis ou debout, en partant de la partie la plus vivante du corps, celle que vous ressentez le mieux. Respirez à l'intérieur de cette partie et dès que vous ressentez une sensation de chaleur, de gonflement, essayez de l'étendre par propagation à la partie voisine.

Si, par exemple, vous partez des sensations de la main, de la paume, invitez-les à grimper à l'intérieur du poignet, de l'avant-bras, du bras, de l'épaule et du dos, en utilisant le jeu respiratoire associé au *Tao Yin* (voir p. 116).

C'est ainsi que toute la peau du corps sera sollicitée.

Cette préparation effectuée, on l'applique au mouvement du T'ai-Chi Chuan.

Remarque : ce travail peut être pratiqué par tous et constitue également une bonne technique de relaxation, de détente musculaire, mais il s'agit surtout d'une méthode pour développer le *Tao Yin.*

L'auto-immunité du corps

Pour ceux qui pratiquent le T'Chi Gong

Ces procédés peuvent aussi être utilisés par ceux qui pratiquent le T'ai-Chi Chuan, et pour certains, plus faciles à mémoriser, par tous ceux qui en ont envie. Néanmoins, pour ceux-là, je conseille de commencer par l'entraînement à la posture et à la sensibilisation des mains.

Comment éviter le « mauvais » T'Chi ?

Il n'y a pas de « mauvais » T'Chi, mais il peut y avoir de mauvaises rencontres entre deux formes de T'Chi qui ne peuvent s'accueillir, se compénétrer. Le froid en lui-même n'est pas mauvais, mais dans un corps qui ne peut pas le recevoir, il cause des dégâts. C'est alors qu'on peut parler de « T'Chi pervers » ou de « mauvais T'Chi ».

LE « BRACELET ANTIDÉMONS »

Il s'agit d'un procédé permettant de « fermer les portes » aux agressions du T'Chi externe. Le bracelet consiste en une barrière de protection située au-dessus des deux poignets, un renforcement du cercle énergétique entre deux portes importantes du bras : *Neiguan** et *Waiguan**.

Photo 15

Photo 16

L'exercice est simple mais cela ne veut pas dire que les résultats seront immédiats. Tout va dépendre de l'efficacité du *Tao Yin*. Les maîtres de T'Chi Gong les donnent assez rapidement à pratiquer aux débutants, misant sur la force de leur intention, leur confiance dans la démarche.

Le pouce et l'index saisissent le *Neiguan** (entre les deux tendons), le tordent légèrement et tournent trois fois autour du poignet sans le toucher comme pour enrouler ou dessiner un bracelet souple (photos 15 et 16). Ce geste est proposé comme une défense que l'on utilise lorsqu'on travaille dans des groupes dans les périodes d'épidémie, de contagion.

Comment créer un cercle de T'Chi protecteur, inviter le T'Chi à former un anneau autour des poignets ? La réalité et la rapidité de la mise en place de la sensation dépendent de votre travail antérieur. L'ouverture des *Laogong** et le *Tao Yin* deviennent alors des outils à part entière.

Massez le *Neiguan**, puis arrêtez le massage, écoutez la sensation et placez votre main droite en position d'émission vers votre poignet gauche, à 10 centimètres du *Neiguan**, de façon à ce que le *Laogong** droit puisse envoyer du T'Chi sur le *Neiguan** gauche (photo 17).

L'impact peut être un peu plus large et déborder le point. Il faut alors convier le T'Chi à partir dans deux directions opposées pour former le bracelet qui se fermera au *Waiguan** (porte de l'externe, située sur le dos du poignet).

Vous pouvez aussi utiliser directement le *Tao Yin* : les mains étant face à face comme si elles tenaient un ballon, à 50 centimètres devant le ventre, imaginez un bracelet qui s'enroule autour de vos poignets jusqu'à ce que vous le sentiez réellement.

Photo 17

Il existe une variante : imaginez une colonne de T'Chi qui relie les *Neiguan** des deux poignets. Le but est de former le bracelet rapidement, et même instantanément. Par exemple, dans le même temps où votre main s'élève pour aller serrer la main d'une autre personne.

*Neiguan**, la « porte de l'interne », peut avoir d'autres utilisations. Par exemple, une pression simultanée du pouce sur le *Neiguan** et de l'index sur le *Waiguan** de l'autre côté, peut « pousser » le T'Chi vers les doigts et provoquer un gonflement de la main caractéristique. Cela ressemble à la pression d'un tube de dentifrice.

Comment compléter le T'Chi ?

Bien sûr, il y a de multiples méthodes et tous les grands T'Chi Gong ont leurs exercices spécifiques. Nous allons découvrir deux séries d'exercices. Il va de soi qu'il est opportun d'en choisir une et de lui donner sa chance, c'est-à-dire le temps de produire des résultats, avant de passer à l'autre.

LES «PATTES DU TIGRE»

Ce premier exercice est utile aussi bien au maître de T'Chi Gong qui traite les malades qu'au patient lui-même.

Dans la position du cavalier, après avoir ressenti la posture et procédé à l'écoute du souffle, placez les mains opposées devant le ventre. Au moment de l'inspiration, fermez lentement les poings de toutes vos forces et, en même temps, fléchissez les genoux (photo 18).

Photo 18

Lors de l'expiration, détendez lentement les doigts et, simultanément, redressez-vous.

Répétez seize fois cette respiration.

Vous pouvez parfois ressentir une trépidation du nombril, ce qui n'a rien d'anormal.

Continuez l'exercice, toujours dans la posture du cavalier. Vos mains sont placées devant le corps, comme si elles tenaient un ballon à une dizaine de centimètres (photo 19).

Photo 19

Au bout d'une minute d'échange des *Laogong**, écartez vos bras à un angle de 90° et formez les « pattes du tigre » : votre main et vos doigts sont ramenés en arrière (photo 19 bis).

Lorsque les bras ont réalisé l'amplitude indiquée, détendez les mains et laissez les bras revenir à la position initiale, lentement (photos 20 et 21).

À la fin de la troisième fois, l'amplitude des bras passe à 180° (photo 22). De la même manière que précédemment, réalisez trois fois le mouvement.

Il s'agit bien d'une succession de tensions-détentes.

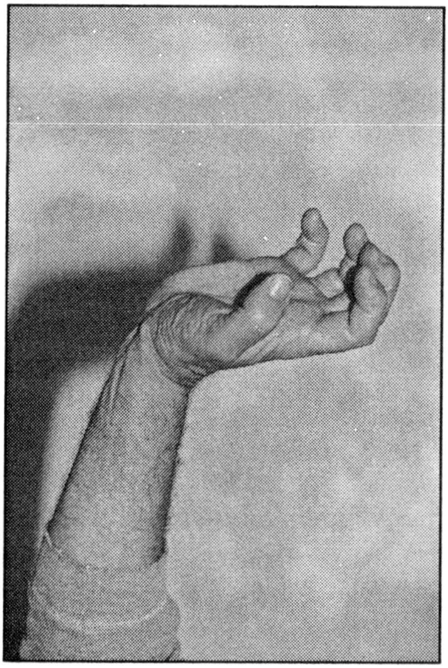

Photo 19 bis

Photo 20

Photo 21

Photo 22

Ensuite, réalisez à nouveau l'ensemble des six extensions, mais en inversant la séquence respiratoire.

N'oubliez pas d'utiliser la posture (voir le paragraphe sur la posture p. 87) comme procédé d'ouverture et de fermeture d'entrer et de fin de l'exercice débute et clos.

L'ÉQUILIBRAGE YIN/YANG

Cet exercice sert non seulement à renforcer le T'Chi vital, mais aussi à évacuer les éléments malsains du corps : commencez comme dans l'exercice précédent. Seize fois sur l'inspiration, fermez les poings avec force en fléchissant les genoux et, sur l'expiration, desserrez les poings en vous relevant (photo 18).

Puis continuez de la façon suivante :

– à l'inspiration, levez latéralement vos mains au niveau des épaules, les paumes vers le sol (photo 23) ; dans le même temps, utilisez le *Tao Yin* pour conduire le T'Chi inspiré par les *Laogong** dans l'ordre suivant : *Tanzhong**, *Tan Tien**, la partie interne des jambes et les *Yongguan**. En fait, lorsque vos bras s'élèvent, le T'Chi descend ;

– à l'expiration, tournez vos bras horizontalement vers l'avant au niveau des épaules, les deux paumes opposées, séparées par une distance égale à la largeur des épaules (photo 24). Votre intention dirige alors le T'Chi selon l'ordre suivant : la face externe des jambes, *Dazhui**, la face externe des bras et enfin les mains ;

– à l'inspiration, vos bras se lèvent devant la poitrine, dépassent la tête (photo 25). Le corps tourne de 45° vers la gauche, le talon gauche se soulève, le poids du corps tombe sur la jambe droite. À l'expiration, la main gauche retombe au niveau de l'épaule ; la main droite levée vers le haut est à droite de la tête, l'avant-bras légèrement plié et les paumes sont face à face. Votre regard est dirigé vers la paume gauche (photo 26) ;

Photo 23

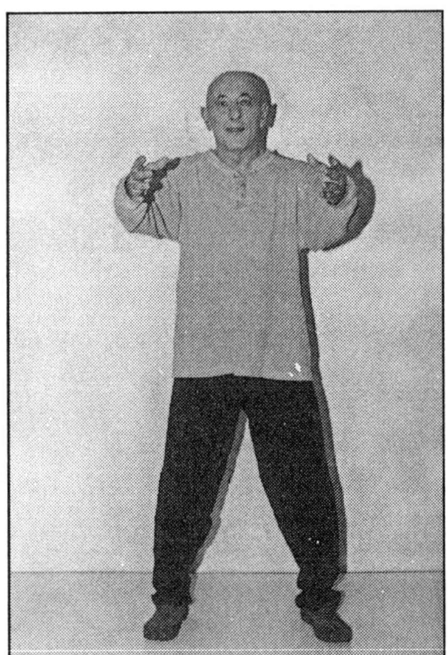

Photo 24

Photo 25

Photo 26

– dans cette position, réalisez neuf respirations de ce que l'on nomme « la grande respiration » : à l'inspiration, le T'Chi des *Laogong** arrive aux *Yongguan**, en passant par l'intérieur des bras, le *Tanzhong**, le *Tan Tien** et l'intérieur des jambes ; à l'expiration, le T'Chi part des petits orteils, longe la face externe des jambes, le *Dazhui**, la face externe des bras et revient aux *Laogong** ;

– réalisez les mêmes mouvements de l'autre côté : faites pivoter votre corps à droite, le talon droit se soulève, le poids du corps tombe sur la jambe gauche, etc. ;

– puis votre corps revient de face, la pointe des pieds légèrement orientée vers l'intérieur, les paumes tournées vers le ciel. Les bras redescendent au niveau des épaules ;

– dans cette position, réalisez 9 respirations de la « grande circulation » : vos mains se tournent, vos paumes s'orientent vers le sol. À l'inspiration, vos bras se lèvent légèrement, à l'expiration, ils se baissent légèrement. Cela ressemble à un battement d'ailes ;

– enfin, vos mains retombent de part et d'autre du corps. Le T'Chi malade est évacué des doigts et des *Laogong**.

Comment évacuer le Xie T'Chi (le T'Chi malade)

La respiration avec les *Laogong**

Cet exercice, qui doit durer au minimum 5 minutes, est simple et relativement rapide :

– pendant l'inspiration, montez vos bras fléchis, les mains de part et d'autre des épaules et les paumes orientées en l'air (photo 27) ;

– pendant l'expiration, vos bras s'allongent et vous « repoussez » avec les mains (photo 28).

Sur l'inspiration, passez des *Laogong** au *Tanzhong**, et *Tan Tien*, sur l'expiration, faites l'inverse.

Photo 27

Photo 28

LA « DOUCHE IMAGINAIRE »

En position debout, prenez le temps de vous détendre avant de procéder à la maîtrise de la respiration : la bouche entrouverte, concentrez-vous pendant 2 minutes sur le *Tanzhong** après la prise de la posture. Ensuite, pendant 1 minute environ chaque fois :

– imaginez que l'eau chaude de la douche vous arrose de la tête au pied, coulant partout sur votre corps avant de se répandre jusqu'à terre ;

– imaginez que l'eau chaude tombe sur votre tempe droite, coule sur tout le côté droit de votre corps et ruisselle sur le sol ;

– imaginez que l'eau chaude tombe sur votre tempe gauche, tombe sur tout le côté gauche de votre corps et ruisselle sur le sol ;

– imaginez que l'eau chaude tombe sur votre front, coule sur tout l'avant de votre corps et ruisselle sur le sol ;

– imaginez que l'eau chaude tombe sur votre occiput, coule sur votre dos et ruisselle sur le sol ;

– enfin, imaginez que l'eau chaude tombe sur le *Baihui**, tombe sur tout votre corps et retourne à la terre.

Remarque : ce *Gong Fa* (procédé de T'Chi Gong) est bon pour les pathologies cardiaques. L'ensemble des visualisations stimule l'intervention du *Tao Yin*. Pour tous ces exercices, il reste la clé de la circulation du T'Chi.

Photo 29

10/ Le T'Chi externe, l'ensemble du T'Chi qui nous entoure

La dissociation entre le T'Chi interne et le T'Chi externe est commode pour structurer un programme de travail, mais elle reste très théorique dans la mesure ou la compénétration des deux vagues est constante et indiscernable : à chaque moment, quelque chose qui n'est pas vous, qui est hors de vous, devient vous et vous constitue, vous reconstitue. C'est un processus comparable à celui de la prise de nutriments. Ce qui est vrai pour l'ingestion d'une carotte ou d'une salade, l'est également pour le T'Chi.

L'harmonisation du T'Chi interne et du T'Chi externe est le garant d'un état de santé correct. En cas de divorce, il y a maladie. Si votre situation énergétique interne est défaillante au point de vous empêcher de vous nourrir du T'Chi externe *(Ta T'Chi)*, un problème naîtra inéluctablement. Par exemple, la pénétration du froid, qui n'est pas en soi une agression, provoquera un rhume qui signera votre réceptivité défaillante. Ce qui devait tonifier, nourrir s'est transformé en agression.

La compréhension et le ressenti du T'Chi externe représentent une des directions essentielles du travail du T'Chi Gong et du Feng Shui. Ce dernier n'est pas constitué d'un ensemble de gris-gris protecteurs, de prescriptions d'architecture intérieure, il aide activement à optimiser l'utilisation juste du T'Chi externe. Il vous permet de découvrir, de ressentir la nature dans l'acception taoïste du terme, qui se rapproche de la sensibilité d'un artiste, et en particulier d'un peintre.

Vous devez ainsi apprendre à percevoir, à ressentir intimement les fluctuations du T'Chi externe dont les saveurs vous échappent habituellement.

Votre T'Chi interne va perpétuellement à la rencontre du T'Chi externe dont la qualité varie à chaque *Di Zhi* : à chaque mois et à chaque saison, avec des fluctuations remarquables aux solstices et aux équinoxes. C'est ce que nous appelons aussi le temps, même si ce n'est pas celui des horloges.

Pour atteindre ce vaste programme, je vous propose quelques exercices que, j'espère de tout cœur, vous ferez fructifier.

L'amplification des cinq sensations

Voici, développée ci-dessous, la pratique de deux exercices essentiels. Ils appartiennent à l'école Shaolin et au *T'Chi Gong Kong Jin* (T'Chi Gong de la Force vide).

Le premier a pour objectif de favoriser l'émission de votre T'Chi interne. À ce titre, nous aurions pu le placer dans la première partie, mais sa relation nécessaire au second justifie sa présence ici. Le second exercice vise à optimiser l'absorption du T'Chi externe.

Ces exercices rassemblent une position et des jeux de doigts particuliers que nous appelons des « codes ».

1er EXERCICE : L'ÉMISSION DU T'CHI INTERNE

Vous devez réaliser 9 fois d'affilée cette série.

La position : sa particularité est que la pointe de vos pieds est légèrement orientée vers l'intérieur et que vos bras sont parallèles devant le corps, les paumes orientées vers la terre, les doigts en escaliers (photo 30).

Photo 30

C'est une posture de pieu qu'il faut garder au moins 30 minutes sans éprouver de problèmes musculaires majeurs, au niveau des genoux et des épaules notamment. Prenez le temps d'intégrer la position, en augmentant de 5 minutes chaque jour par, exemple.

En effet, il est important de pouvoir réaliser les codes ou jeux de doigts dans une position confortable. Commencez donc par un petit fléchissement que vous augmenterez légèrement et progressivement et veillez à la détente des lombaires.

Vos genoux ne doivent pas trop dépasser la pointe de vos pieds.

Le code : lorsque vous êtes sûr de la justesse de votre position et de son confort le temps nécessaire, vous pouvez commencer les jeux de doigts avec le code 4/2 – 5 – 3 – 1 :

– le 4e doigt (l'annulaire) et le 2e (l'index) se baissent

simultanément et lentement de 3 centimètres, à partir de leur racine (photo 30-1). Restez 60 secondes dans cette position puis remontez lentement les doigts dans la position de l'escalier ;

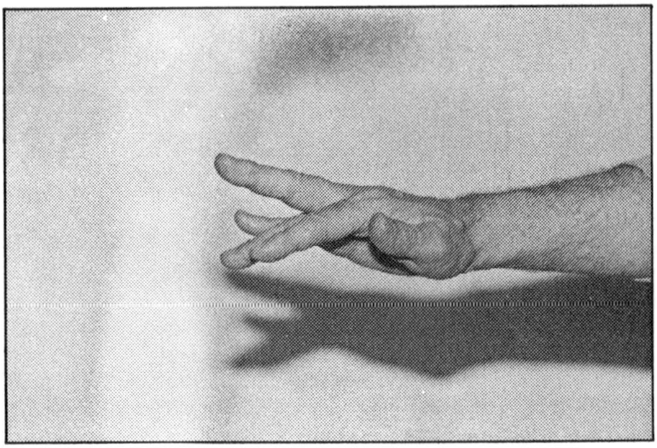

Photo 30-1

– c'est au tour du 5ᵉ doigt (l'auriculaire) de faire la même opération (photo 30-2), pendant le même temps, puis de remonter à son tour ;

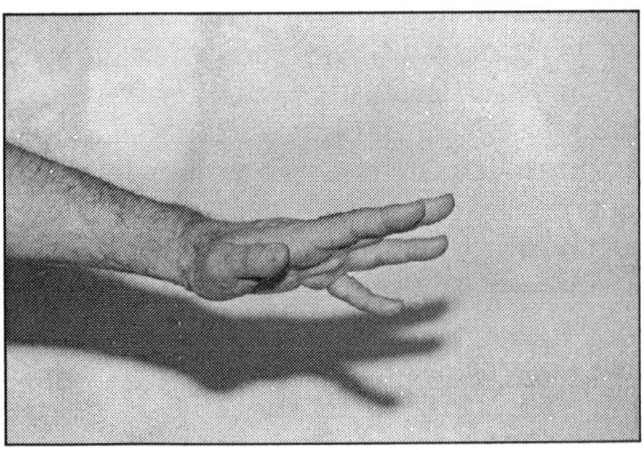

Photo 30-2

– procédez de la même façon avec 3ᵉ doigt (le majeur) (photo 30-3) ;

– terminez avec le pouce qui réalise un mouvement circulaire en s'écartant de la main, plongeant vers le bas puis terminant son cercle sous l'index pour reprendre sa place (photo 30-4, 30-5 et 30-6). Répétez 3 fois à la suite ce travail du pouce.

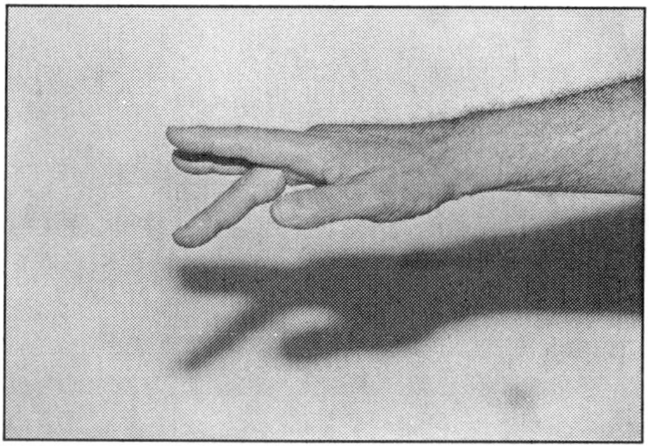

Photo 30-3

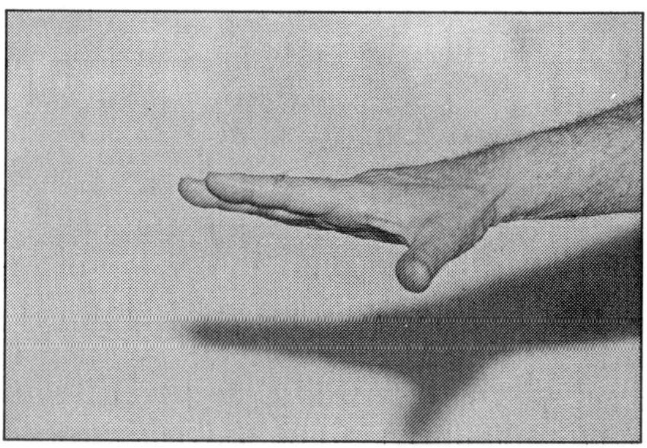

Photo 30-4

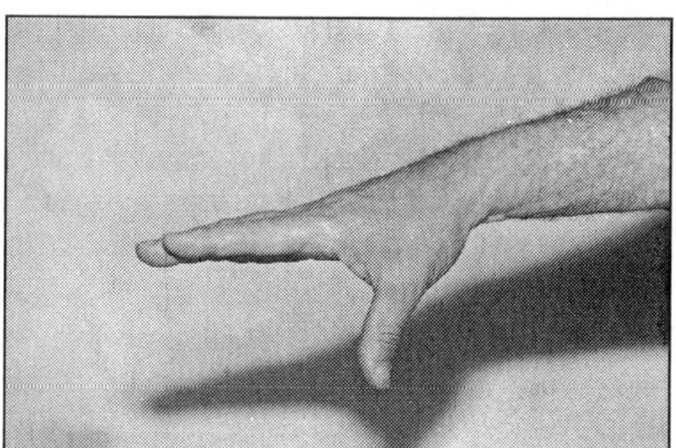

Photo 30-5

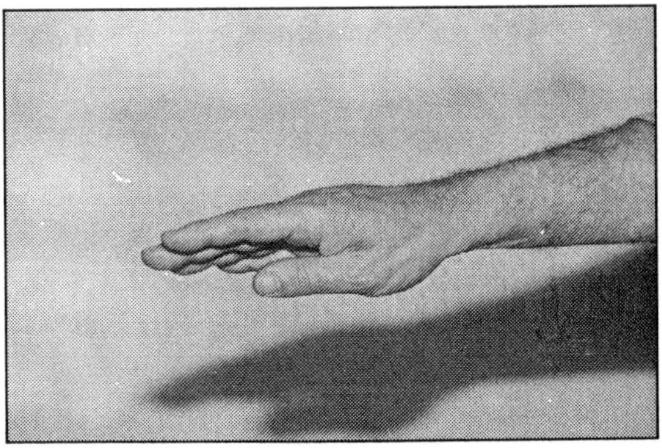

Photo 30-6

Remarques : cet exercice doit avoir une ouverture et une fermeture : avant de commencer les codes, restez 5 minutes dans la posture de pieu initiale et 5 minutes après.

Veillez à ne pas faire d'erreur dans les codes : c'est impératif.

Prévoyez de placer un réveil devant vous.

Veillez à la bonne détente de vos poignets et de vos mains.

Lorsqu'un doigt se tend et descend, gardez les autres bien détendus et immobiles. Le petit doigt peut poser des problèmes...

Ces exercices ne peuvent pas être mélangés avec d'autres T'Chi Gong ou d'autres pratiques énergétiques, car ils ont une circulation énergétique spécifique. Il est impératif de respecter un délai de 4 heures avant et après.

Il est préférable de manger avant de les entreprendre ou d'attendre 4 heures après la fin de l'exercice.

Cet exercice doit être pratiqué pendant 30 jours d'affilée. Il est alors définitivement intégré et vous pourrez passer à l'exercice suivant.

2e EXERCICE : L'ABSORPTION DU T'CHI EXTERNE

La posture : c'est la même que pour l'exercice précédent. Le fléchissement est léger, donc relativement haut. L'écart entre les mains est un peu plus important que la distance entre les coudes. Maintenez la position 10 minutes. Puis :

– votre main droite se tourne vers la gauche et se rapproche lentement du *Hegu** gauche (entre le pouce et l'index) (photo 31), contourne la main gauche (photo 32), remonte le long du bras gauche (photo 33), passe devant l'aisselle puis le thorax (photo 34) et remonte au niveau de la tempe droite, paume orientée vers le bas.

– Simultanément, la main gauche descend près du genou gauche, la paume tournée vers le haut. Dans le même temps, vous fléchissez un peu plus (photo 35). Résultat : les deux paumes sont opposées, les deux mains en croix et les Laogong* se font face.

Le code :

– le 1er jeu de doigts : l'annulaire droit se tend et se baisse pour pointer le *Laogong** gauche durant 30 secondes, puis il reprend sa position initiale et vous attendez 5 secondes ;

– le 2e jeu de doigts : l'annulaire gauche se tend et s'élève pour pointer le *Laogong** droit durant 30 secondes, il reprend sa place durant 5 secondes ;

– le 3e jeu de doigts : les deux annulaires se pointent réciproquement durant 1 minute, les deux doigts reprennent leur place pendant 5 secondes.

Le changement de position :

– le bras gauche remonte dans sa position initiale et la main droite se rapproche à quelques centimètres du dos de la main gauche (photo 36), puis se déplace sans toucher jusqu'au *Qu Chi**, continue à longer le bras, passe devant les clavicules, descend vers le côté droit du corps (photo 37) pour retrouver les mains en escaliers, face à la terre (photo 38). Attendez 1 minute dans cette position ;

– le même travail doit être fait de l'autre côté.

Photo 31

Photo 32

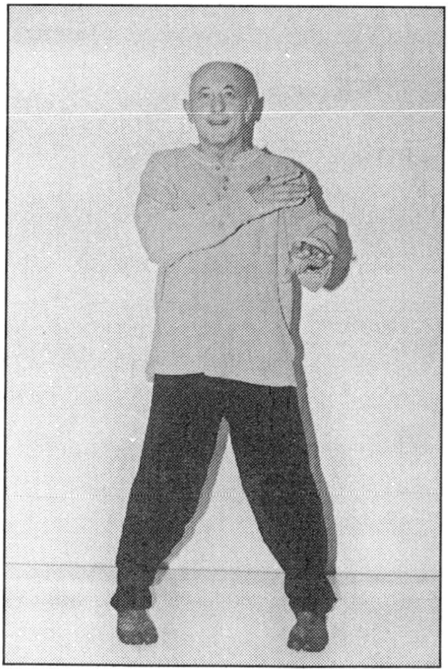

Photo 33

Photo 34

Photo 35

Photo 36

Photo 37

Photo 38

Cet exercice doit être pratiqué tous les jours pendant 30 jours.

Les prises de T'Chi externe

Capter le T'Chi du soleil

– Tenez-vous debout, pieds parallèles, face au soleil levant. Chassez les pensées vagabondes. Mettez en place votre posture, maîtrisez votre respiration : il s'agit d'écouter, de suivre le rythme de votre souffle au milieu de la poitrine, au *Tanzhong** ;

– votre paume gauche ou droite se place un peu plus haut que le front, l'autre main face au *Tan Tien**. Les yeux regardent le soleil par la petite vallée (entre le pouce et l'index), qu'on appelle la « bouche du tigre » (photo 39). Veillez à ne pas vous brûler les yeux ! D'ailleurs, l'exercice ne peut se faire que le matin au moment du soleil montant, le soleil rouge ;

Photo 39

– visualisez le soleil rentrant dans le *Laogong** en ligne droite, puis longeant l'intérieur du bras, arrivant à *Tanzhong** et tombant dans le Tan Tien ;

– en ce qui concerne la respiration, vous rentrez le ventre sur l'inspiration et le laissez se détendre sur l'expiration ;

– laissez durer l'exercice pendant 36 respirations.

Capter le T'Chi de la lune

– Toujours à partir de la position initiale, et après votre préparation habituelle de contrôle de la pensée, levez les deux mains, doigts en l'air, vers la lune que vous regardez (photo 40). Vous pouvez sentir une sorte de pression, un mouvement de recul, ainsi qu'un courant chaud sur les *Laogong** ;

Photo 40

– si la lune est au-dessus de vous, basculez les mains comme si vous la supportiez ;

– cet exercice est à faire pendant 6 jours : 3 jours avant et 3 jours après la pleine lune. Il dure de 5 à 10 minutes.

CAPTER LE T'CHI DU CIEL

– Prenez la position de départ, apaisez votre mental, harmonisez votre respiration, et gardez la position pendant 3 minutes ;

– puis levez vos bras de chaque côté du corps en inspirant et tout en visualisant le T'Chi du ciel qui est attiré dans vos paumes, en vagues d'abondance ;

– lorsque vos bras sont dans prolongement de votre corps, vous embrassez le T'Chi du ciel vers l'avant (photo 40) ;

– lorsque qu'ils arrivent au-dessus de la tête, paumes opposées, façonnez un ballon de T'Chi, frottez-le et, par un petit mouvement, enfoncez-le dans le *Baihui** sans toucher celui-ci (photo 41) ;

Photo 41

– puis renversez la tête en arrière en tenant toujours le ballon (photo 42) ;

Photo 42

– en fait, il y a ici un jeu de deux ballons, à l'intérieur et à l'extérieur, que vous allez vous amuser à faire descendre pour entraîner le T'Chi vers le bas. Vos mains descendent le long de la poitrine et lorsqu'elles arrivent devant le *Tan Tien**, vous fléchissez les jambes d'un mouvement sec. À ce moment-là, le ballon (le T'Chi de vos paumes) pénètre dans votre ventre (photo 43). Dans le même temps, il faut descendre mentalement à l'intérieur de votre corps *(Tao Yin)* ;

– répétez 10 fois cet exercice.

Photo 43

CAPTER LE T'CHI TERRESTRE

Ouverture : l'écart entre vos pieds dépasse la largeur de vos épaules Respectez les indications initiales ;

Exercice : vos mains sont levées de chaque côté, paumes vers le sol, au niveau des épaules (photo 23) ;

– fermez les yeux, visualisez votre corps qui devient le plus grand possible, qui grandit jusqu'aux nuages, comme s'il supportait le ciel. Vos pieds sont collés, enracinés au centre de la terre. Vos mains embrassent toute la terre ;

– gardez cette position pendant 3 minutes ;

– embrasser le T'Chi terrestre vers le bas : courber le dos pour prendre le T'Chi de la terre tout en inspirant (photo 44) ;

– lorsque vos bras sont au niveau des genoux, envoyez les deux mains tout droit vers le sol (photo 45) ;

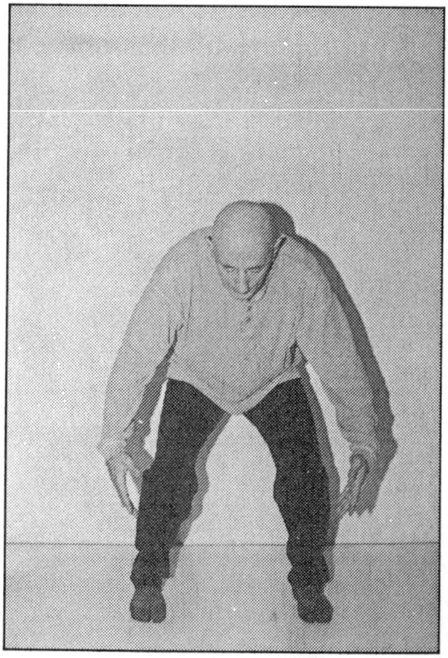

Photo 44

Photo 45

– visualisez vos mains pressant le cœur de la terre et, en expirant, relevez-vous paumes vers le ciel, mains opposées portant le T'Chi de la terre (photo 46) ;

Photo 46

– dans le même temps, visualisez le T'Chi entrant par les *Yongguan**, l'intérieur de vos jambes, le *Huiyin**, le ventre, la poitrine (les mains y arrivent en même temps), commencez à expirer en tournant les paumes vers le sol ;

Fermeture : presser les deux mains vers les côtés et visualiser que le T'Chi rentre dans le *Tan Tien** (photo 47). 10 minutes.

Avant la fermeture, répétez l'exercice de une à trois fois. N'hésitez pas à faire cet exercice lorsque vous êtes fatigué.

Photo 47

CAPTER LE T'CHI DES ARBRES

– Il faut vous placer au sud de l'arbre. Passez quelques minutes à vous relaxer. Puis placez un *Yongguan**, sur la base de l'arbre et la main du même côté sur le tronc. Posez l'autre main sur *Mingmen** (photo 47);

– vous pouvez ressentir un engourdissement dans les deux paumes. Cela indique que vous avez réalisé la prise de T'Chi;

– il est préférable de faire cet exercice le matin et de ne pas choisir un arbre trop gros. Éviter de travailler à côté des cactus et des lauriers: le T'Chi des premiers est dispersant, celui des seconds est néfaste.

CAPTER LE T'CHI DE L'EAU (L'ŒUVRE BLEUE)

Malgré ce nom poétique, il n'est pas besoin d'être au bord d'un lac ou de la mer, une cuvette en plastique peut faire l'affaire. Remplissez-la jusqu'à 6 centimètres des bords, puis :

– prenez un tabouret et asseyez-vous dans une position confortable ;

– placez vos deux mains au-dessus de l'eau à 15 centimètres de la surface ;

– tournez-les 20 fois dans le sens contraire des aiguilles d'une montre et 20 fois dans l'autre sens. Faites environ un tour toutes les 15 secondes ;

– puis commencez le jeu de doigts suivant : faites 20 tours à gauche, puis ajoutez 6 tours en baissant l'annulaire de 2 centimètres aux deux mains ;

– à la fin du 6e tour, relevez les annulaires et faites 6 nouveaux tours en baissant le majeur ;

– puis relevez-les et faites un tour « blanc » (sans code, les doigts en escalier) ;

– enfin, faites encore 6 tours avec le majeur et l'annulaire baissés ;

– terminez par 20 tours « blancs ».

Reproduisez ce cycle dans l'autre sens. Pratiquez-le pendant 3 mois.

1re remarque : il faut baisser vos doigts légèrement et lentement pour diriger la pulpe vers l'eau, mais ne pas les pointer vers celle-ci.

2e remarque : cet exercice est inconditionnel, c'est-à-dire qu'il ne doit pas être mélangé avec un autre travail énergétique. Respectez un écart de 4 heures.

Capter le T'Chi du sable (l'œuvre jaune)

Utilisez du sable jaune dont on peut distinguer les grains, celui qu'on trouve chez les marchands de matériaux. Vous pouvez le laver, pour supprimer la poussière, dans un vase à grande ouverture muni d'un couvercle pour protéger le sable entre les séances. Prévoyez-en 5 kilos environ. Puis :

– posez le vase sur le sol et asseyez-vous à côté sur un tabouret ;

– placez la paume droite, doigts en escalier, à 15 centimètres au-dessus de la surface du vase. Émettez du T'Chi pendant une minute ;

– ensuite, relevez la main de 30 centimètres et restez 30 secondes dans cette position ;

– cela fait, rabaissez votre main à 15 centimètres et restez 30 secondes dans cette position ;

– puis relevez-la à nouveau à 40 centimètres et restez 30 secondes dans cette position ;

– puis rabaissez-la à la hauteur initiale de 15 centimètres et restez 15 secondes dans cette position ;

– enfin, élevez votre main droite juste au-dessus de la tête et laissez-la 30 secondes, puis revenez à une hauteur de 15 centimètres

– retirez la main droite en tenant la queue du tigre, c'est-à-dire en réunissant les doigts sans qu'ils se touchent ;

faites les mêmes opérations avec l'autre main.

Vous pouvez faire cette opération au moins deux fois. L'exercice doit également se pratiquer pendant 3 mois pour apprivoiser le T'Chi du sable.

CAPTER LE T'CHI DE L'UNIVERS

Peu importe votre position, il s'agit essentiellement d'un travail interne :

– rentrez dans une sérénité profonde pour absorber l'énergie dégagée par les grands maîtres et les sages qui vous ont précédé ou qui vous sont contemporains. Cela implique une attitude de respect et d'ouverture ;

– il faut sentir avec tous les pores de sa peau très longtemps pour nourrir le *Tan Tien** (photo 48).

Photo 48

L'émission de T'Chi. Les liaisons directes

Lorsqu'il s'agit d'émettre le T'Chi, l'expérimentation est particulièrement souhaitable. Elle pourrait d'ailleurs justifier une collaboration de tous ceux qui travaillent dans le même sens. Son cadre resterait à définir, mais nous vivons à une époque où il est facile de se rencontrer et d'échanger des informations. Bien sûr, une ferme intention de tenter un travail commun est nécessaire.

Très souvent, l'intérêt thérapeutique de ces techniques apparaît comme primordial ; cela n'est pas évident ou, du moins, ne recouvre pas l'ensemble du domaine. Mais nous nous en sommes déjà expliqués. Pour ceux qui veulent néanmoins privilégier cette direction, des précautions sont à prendre.

Dans le chapitre précédent, nous avons découvert les méthodes servant à se compléter du T'Chi extérieur et à évacuer le « T'Chi pervers » *(Xie T'Chi)*. Elles ne suffisent pas à garantir une émission suffisamment importante. Soigner est sans doute une belle intention, mais elle ne doit pas s'exercer au détriment de sa propre santé.

Ce qui est important, c'est de parvenir à comprendre ce qu'on manipule et à ne pas gaspiller cette énergie qui n'est pas infinie et peut s'avérer précieuse pour d'autres approches – en particulier son développement personnel.

Les maîtres chinois de T'Chi Gong considèrent le T'Chi comme un trésor qu'il faut économiser. Pour un soin de 30 à 40 minutes, ils utilisent l'émission pour le diagnostic ou le traitement, mais aussi pour les massages qui sont moins couteux du point de vue énergétique. Enfin, ils indiquent à leur patient un procédé de T'Chi Gong *(Gong Fa)* très simple à pratiquer à la maison et dont l'efficacité dépend de l'assiduité à l'entraînement dans la durée.

Quand on parle de « grand » T'Chi Gong, cela signifie complet, c'est-à-dire que la formation du T'Chi et l'apprentissage des mouvements s'accompagnent de méthodes pour capter et renforcer l'énergie sur une zone choisie, mais aussi de techniques pour s'enrichir en énergie externe. Cet enseignement précise les différentes possibilités d'émission : position de la main, voire même des doigts – forme en éventail, forme ronde, forme en ligne, etc. –, temps d'intervention, déplacement des mains selon la pathologie... En regard de toutes ces indications, chaque T'Chi Gong peut posséder un savoir-faire spécifique et aussi des procédés communs.

Ce qu'on appelle les méthodes de renforcement est considéré comme des secrets importants, des « trésors ». Ce sont des gestes précis de la main passive, la « main cachée », qui permettent de recharger la main qui travaille.

Enfin, certaines recherches conduites par des écoles de T'Chi Gong sortent du cadre thérapeutique : le *T'Chi Gong Yao Gan*, émission d'énergie à grande distance, par exemple, travaille sur l'espace et sur le temps.

Nous avons déjà étudié certains procédés de formation à l'émission, nous allons maintenant nous arrêter sur deux méthodes d'émission : l'émission directe et le tirage du T'Chi.

L'émission directe

Le plus souvent, elle utilise la paume ou les doigts en épée (index et majeur) (photo 49). C'est une méthode simple à appliquer. La main travaille sur des points clés sélectionnés par le principe de traitement.

Photo 49

Par contre, les techniques de renforcement du T'Chi utilisées pendant la séance sont plus difficiles à apprendre.

Le mouvement d'un seul doigt peut renforcer, provoquer un regain de l'énergie de la paume de la main, mais ce n'est pas le travail d'un jour.

Pour ceux qui travaillent déjà depuis longtemps et qui ont un bon potentiel, qu'on mesure à la qualité de leur travail et aux résultats obtenus pendants les exercices, je propose deux exercices d'émission directe.

LE 1er EXERCICE

Il peut être réalisé avec une seule personne ou en groupe (photo 50):

Photo 50

– les participants doivent être assis, fermer les yeux et présenter la main droite ouverte vers le ciel. Il faut veiller à ce que chacun soit confortablement installé. La main doit être calée sur le genou sans risque de tomber vers le bas;

– pendant 5 minutes, dirigez votre bras vers le groupe ou, s'il n'y a qu'une personne, vers le *Laogong** de sa main ouverte. Vous vous tenez à 1 ou 1,50 mètres de la main;

– lorsque c'est terminé, demandez aux participants

d'exprimer leurs sensations : dans la main, dans le corps ou ailleurs ; elles peuvent être très variées.

LE 2e EXERCICE

Il s'agit d'un travail à deux :

– demandez à une personne de s'asseoir sur une chaise, de faire le vide, les yeux fermés, de se détendre ;

– prenez position derrière elle et placez votre main au-dessus de sa tête, à 10 centimètres environ (photo 51) ;

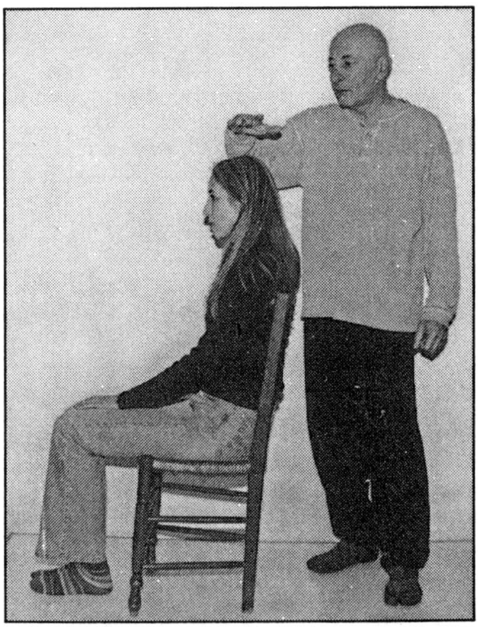

Photo 51

– les 5 premières minutes sont utilisées pour obtenir des informations, un ressenti. Au bout de ce laps de temps, demandez à la personne quelles sensations elle a éprouvées et dans quelle partie du corps, dans quel organe elles se sont produites.

On considère que l'émission qui va se prolonger à partir de ce moment-là est un bon soutien énergétique.

Le tirage du T'Chi

Cette méthode peut paraître plus complexe, pourtant elle est présentée comme plus économique du point de vue énergétique. Elle correspond à l'aboutissement, à la maîtrise du travail sur l'efficacité de la main, du *Tao Yin*. La main est ici conçue comme un tableau de bord où se projettent non seulement les organes internes mais aussi la totalité des parties du corps.

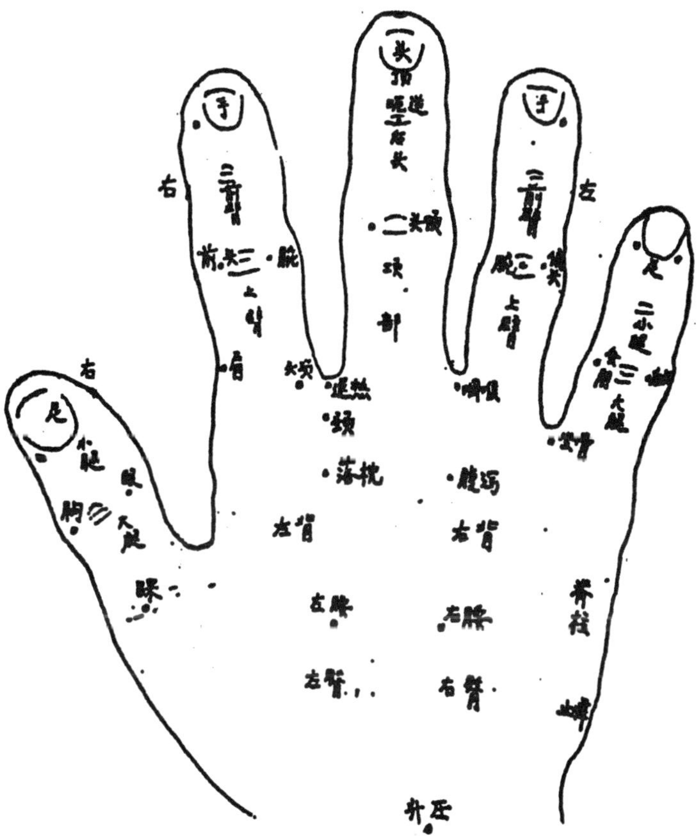

La méthode consiste à s'apparier énergétiquement avec un partenaire, de façon à sentir dans son propre corps les troubles ressentis par l'autre. L'action terminale consiste à « arracher », à retirer le « mauvais » T'Chi des zones correspondantes de la main.

Les méthodes d'émission du T'Chi se nomment *Pa Da Shou Fa* (les huit méthodes d'émission). Elles rassemblent les différents procédés utilisés dans la plupart des T'Chi Gong qui orientent et préparent à ce travail.

Elles sont complétées par des procédés de renforcement utilisés pendant l'émission. À ce stade, il est conseillé de s'adresser à un maître de T'Chi Gong.

Conclusion

Il est bon de terminer en rappelant la position des maîtres de T'Chi Gong : ils considèrent leur démarche comme une science à part entière et la démarquent avec une très grande force de toute considération mystique et magique. Ils disent également que le T'Chi Gong sera la grande révolution du XXIe siècle.

Nous sommes à l'aube de cette recherche et devons respecter une double humilité :

– garder la conscience que nous savons peu de chose, mais qu'à partir de ce peu et des résultats obtenus, il y a beaucoup à faire et beaucoup à travailler, avec clarté et rigueur ;

– ne pas essayer de transformer, sous prétexte d'amélioration, ce que nous ne connaissons pas encore très bien. Il y a là une source à protéger de toute altérité, de tout mélange.

Pourtant, cela n'exclut pas un travail collectif selon d'autres démarches : des rapprochements, des échanges de données, de problèmes et de solutions peut-être. Les directions sont multiples et sont autant de voies à explorer. Quelques exemples ?

– l'affinité du T'Chi pour le cercle, la spirale ;

– le travail sur la circulation sur les *T'Chi Mai*, l'expérimentation sur les souffles des saisons, les césures énergétiques (solstices, équinoxes), les équilibres Yin/Yang et la nature au plan général ;

– les capacités du T'Chi à dépasser les frontières de l'individuel, comme nous l'avons abordé dans l'« arrachage», l'élimination du T'Chi en excès, du «mauvais» T'Chi, pour rétablir l'équilibre.

Et tout cela n'est pas exhaustif. Pour ma part, je serais heureux que ce travail soit l'occasion de nous rapprocher et de faire ensemble un pas sur les chemins du T'Chi.

Le Tao exprime, en effet, une conception de la vie qui est celle du chemin et de la transformation incessante. Le terme de conclusion évoque la «fermeture» du livre et, je le souhaite, l'«ouverture» de votre pratique.

Mais tout n'est jamais dit, ou pas suffisamment. Toutes les indications du livre sont des hameçons, il vous appartiendra d'attraper les poissons! Seule la fiabilité de vos sensations personnelles renforcera votre confiance dans les T'Chi Gong. Votre pratique quotidienne, j'en suis certain, vous apportera beaucoup. N'oubliez pas que *Gong* évoque un travail bien fait et sur une longue durée. Ne dit-on pas, en Chine, qu'il faut du temps à la feuille de mûrier pour se transformer en soie?

Les T'Chi Gong peuvent également aider face à des problèmes de santé. Les maîtres disent qu'il peut tout guérir... mais pas tout le monde! Cela sous-entend que, pour un bon résultat, la pratique doit être juste et le pratiquant doit avoir confiance dans l'exercice et parvenir à libérer le T'Chi de l'emprise de son intellect.

Enfin, ce qui me semble très important, c'est la capacité de redonner au cœur de l'appétit pour qu'il puisse trouver une nourriture inépuisable dans la saveur et le mouvement des quatre saisons.

Je remercie tous ces maîtres qui, de siècle en siècle, ont trouvé le moyen de faire perdurer des principes susceptibles d'aider les hommes des temps lointains et de les empêcher de devenir oublieux de l'essentiel. Les temps lointains, c'est aujourd'hui.

Nous avons débuté avec un poème, nous fermerons avec un autre. Les poètes sont tous compagnons du Tao !

« Je n'ai pas vu l'homme répandant autour de lui l'heureuse conscience de la vie... Il avait quand je l'ai connu à peu près 100 000 ans et faisait aisément le tour de la Terre. Il n'avait pas encore appris à être bon voisin.

Je n'ai pas vu l'homme circulant dans la plaine et les plateaux de son être intérieur, mais je l'ai vu faisant travailler des atomes et de la vapeur d'eau, bombardant des fractions d'atomes, regardant avec des lunettes son estomac, sa vessie, les os de son corps et se cherchant en petits morceaux, en réflexes de chien.

Je n'ai pas entendu le chant de l'homme, le chant de la contemplation des mondes, le chant de la sphère, le chant de l'immensité, le chant de l'éternelle attente. » (Henri Michaux)

Annexe 1

Les grandes familles de T'Chi Gong

Aujourd'hui, les Chinois comptent leurs T'Chi Gong par milliers (huit mille sont inscrits !). Ceux qu'on peut appeler modernes sont très souvent, pour ne pas dire toujours, la reprise de *Gong Fa* (exercices de T'Chi Gong) plus anciens.

Leurs classifications sont nombreuses. On peut distinguer :

– les écoles de respiration. La maîtrise du souffle permet de solliciter des groupes musculaires qui agissent très fortement sur certains points, certaines zones du corps : le *Tan Tien* inférieur, le *Zong Jin* (muscle des ancêtres, le périnée), par exemple. Ils exigent la présence d'un maître qualifié et une bonne circulation à l'intérieur de deux grands méridiens « particuliers » : le *Ren Mai* et le *Du Mai* ;

– l'école Tao Yin de guidage de T'Chi (T'Chi Gong de Lao Zi, T'Chi Gong de la Grue). Très souvent ces T'Chi Gong combinent la visualisation et la respiration ; plus exactement, l'intention y est déplacée dans la rythmique respiratoire. Ils proposent également un travail immobile *(Jing Gong)* et des séries de mouvements *(Dong Gong)*. Le *Tan Tien* est également sollicité ;

– l'école du regard interne *(Neiguan)*. Le *Yao Gan T'Chi Gong* fait partie de cette école qui se caractérise par la perception et l'émission du T'Chi à grande distance.

– l'école du *Tan Tien* interne. Elle se combine très souvent avec la première catégorie. Le *Kong Jin T'Chi Gong*

(T'Chi Gong statique) qui ne travaille pas directement le *Tan Tien* peut être apparenté à cette école par son travail sur le *San Jiao* (les Trois Foyers) et plus particulièrement sur le *Tan Tien* médian et inférieur ;

D'autres qualifications sont bien sûr possibles, notamment celles des T'Chi Gong mobiles et des T'Chi Gong statiques :

– les T'Chi Gong mobiles *(Dong Gong)* sont très représentés en Occident. Notre culture nous rend plus sensibles au mouvement qu'à l'immobilité. Ils ont souvent une finalité thérapeutique et leur relative facilité explique leur succès ;

– les T'Chi Gong statiques *(Jing Gong)* sont beaucoup plus difficiles que les premiers, mais ils permettent de jeter des bases solides pour parvenir à l'émission du T'Chi avec la possibilité d'utiliser le T'Chi externe pour se compléter pendant et après l'émission. Très souvent, ils sont dits exclusifs ou inconditionnels. Cela signifie qu'ils ne peuvent être pratiqués dans le même temps que les autres T'Chi Gong. En général, on les isole par un délai de 4 heures avant et de 4 heures après.

Il faut néanmoins préciser qu'il n'est jamais très bon ou très souhaitable de poursuivre plusieurs T'Chi Gong simultanément ;

– les T'Chi Gong absolus dont les *Gong Fa* sont les plus dangereux. Ils demandent la présence d'un maître très qualifié et le silence du Temple. Une pratique erronée, des indications non respectées peuvent conduire à des désordres majeurs. Il s'agit d'un travail sur le vide sans aucune concentration sur le corps.

Cette liste n'est pas exhaustive. Les Chinois différencient les T'Chi Gong d'origine bouddhiste (Shaolin) et ceux qui sont rattachés au Taoïsme *(Wu Dan)* dont le travail interne serait alors relié aux méthodes taoïstes.

En fait, cette distinction n'est pas entièrement fondée : les écoles bouddhistes ont une bonne conscience du travail intérieur (drainage et émission du T'Chi) et certains grands T'Chi Gong chinois rassemblent les techniques et les connaissances des deux écoles.

La finalité du travail du T'Chi peut également être utilisée comme critère de différenciation. Les exercices peuvent varier selon que la motivation du pratiquant est d'ordre thérapeutique (T'Chi Gong de santé), artistique (calligraphie, peinture chinoise) ou martial (transformation du T'Chi en force).

Annexe 2

Voici la liste des points rencontrés dans les exercices :

Baihui : au sinciput, le sommet de la tête. Il est lié au foie. C'est la « porte du ciel » (la tonsure des moines).

Dazhui : sous la 7e vertèbre cervicale. Toutes les pistes Yang s'y croisent.

Hegu : sur le méridien du gros intestin, entre l'index et le pouce.

Huiyin : au centre du périnée, le « fond de l'océan ».

Jiquan : au centre de l'aisselle. Il est lié à l'énergie du cœur.

Laogong : le cœur de la paume. Il est lié au péricarde. C'est un grand point d'émission du T'Chi.

Mingmen : sur la colonne vertébrale, entre la 2e et la 3e lombaire. C'est la « porte du destin », la zone essentielle où est thésaurisée l'énergie qui fonde la durée de notre vie.

Neiguan : un travers de doigt au-dessous du poignet, au milieu des tendons du début de l'avant-bras.

Qu Chi : un creux à l'extrémité du pli du coude, côté externe. Il est lié au gros intestin.

Tan Tien : ce n'est pas un point mais une zone, un espace au fond du ventre où peut se thésauriser le T'Chi.

Tanzhong : au milieu de la poitrine, entre les seins.

Waiguan : de l'autre côté de Neiguan, sur l'extérieur du bras, entre le radius et le cubitus.

Xuan Guan : à la racine du nez, entre les deux yeux.

Yongguan : le creux du pied, sous la plante. C'est l'entrée de l'énergie qui s'écoule vers les reins.

Yuji (se prononce You Ti) : sur la paume, à la base du

pouce, entre chair blanche et rouge. Il appartient au méridien du poumon. Il correspond à l'intérieur, au point *Hegu* situé, lui, à l'extérieur, sur le dos de la main.

Table des matières

Dans la forêt de Bagnols, près de Saint-Raphaël,
Jean-Claude SAPIN dirige, avec Brigitte BAILLEUL
des stages de T'ai-Chi Chuan et de T'Chi Gong,
et propose des séminaires *(Xin Zhai)*
aux passagers saisonniers.

Vous pouvez leur écrire à l'adresse suivante :

L'Orchidée
La Nartière
83600 Bagnols-en-Forêt
Tél. : 04 98 11 34 33

COLLECTION « ABC »

Équilibre

ABC des Biorythmes, P. Debarbieux
ABC des Chakras, D. Lecroq
ABC de l'Énergie pyramidale, J. Warin
ABC du Feng Shui, P. Joly
ABC de la Géobiologie, D. Semelle
ABC des Massages traditionnels thaïlandais, D. Lamboley
ABC du Qi Gong, L. Dong
ABC de la Réflexologie plantaire, D. Lamboley
ABC du Reiki, P. Wagner
ABC de la Relaxation, J. Choque
ABC de la Sophrologie, B. Dretz
ABC du Taï Chi Chuan, L. Wan der Heyoten
ABC du Yoga, M.-F. Lemoine

Ésotérisme

ABC de l'Alchimie, C. Sédillot
ABC de l'Astrologie, D. de Caumon
ABC de l'Astrographologie, S. Chermet-Carroy
ABC de l'Astrologie chinoise, D. de Caumon
ABC de l'Astrologie Feng Shui, S. von Saxenburg
ABC de l'Astrologie indienne, D. Huat
ABC de l'Astrologie kabbaliste, R. Graffin
ABC de l'Astrologie karmique, L. Larzul
ABC de l'Aura, F. de Biasi
ABC de la Cartomancie, G. Sciuto
ABC de la Chance, G. Schwinn
ABC de la Chiromancie, M. Decreux
ABC des Coïncidences mystérieuses, J. Moisset
ABC de l'Encromancie, U. Mukanda
ABC du Yi-King, B. Ducourant
ABC de la Magie blanche, P. Guérin
ABC de la Magie naturelle, A. de l'Isle
ABC du Magnétisme, J. Mandorla
ABC de la Méditation druidique, M. L. Questin
ABC de la Numérologie, J.-D. Fermier
ABC de la Numérologie chinoise, J.-D. Fermier
ABC des Pierres énergétiques, D. Mantez, J.-M. et J. Paffenhoff
ABC de la Radiesthésie, J.-L. Crozier et J. Mandorla
ABC des Réussites, M. Decreuse
ABC des Runes, J.-P. Ronecker
ABC des Tarots, C. Silvestre

Psychologie

ABC de l'Analyse transactionnelle, G. Garibal
ABC de l'Au-Delà, G. Osorio
ABC de la Connaissance de soi, C. Blin
ABC des Couleurs, D. Beresniak
ABC de l'Ennéagramme, E. Salmon
ABC de la Généalogie, V. Gautier
ABC de la Graphologie, M. Moracchini
ABC de la Morphochirologie, M. Bouillon et P. Rouillier
ABC de la Morphopsychologie, C. Binet
ABC de la Mythologie grecque, P. de Louvigny
ABC de la Psychologie, C. Morel
ABC de la Psychologie de l'enfant, C. Morel
ABC de la Psychologie jungienne, C. Sédillot
ABC des Psychothérapies, C. Morel
ABC de la Sexualité, J.-M. Fitremann
ABC des Rêves, C. Genest

Santé

ABC de la Diététique chinoise, Dr R. Allard
ABC des Élixirs floraux, E. et C. Maizière
ABC des Huiles essentielles, Dr. Telphon
ABC des Médecines douces, P. Manoury
ABC de la Numérologie médicale, Dr M. Rubin et M. Piétri-Vignat
ABC de la Phytothérapie, Drs Duraffourd, Lapraz et Valnet

Recevez notre catalogue sur simple demande
aux Éditions Grancher – 98, rue de Vaugirard – 75006 Paris

Impression réalisée sur CAMERON par

BUSSIÈRE CAMEDAN IMPRIMERIES

GROUPE CPI

à Saint-Amand-Montrond (Cher)
pour le compte des Éditions Grancher
en septembre 2003

N° d'impression : 034519/1.
Dépôt légal : octobre 2003.

Imprimé en France